Fred Ritzhaupt

Gott liebt den Alltag

Was Christen seit Jahrhunderten Kraft gibt

Eine Entdeckungsreise

Über den Autor

Fred Ritzhaupt ist seit 2000 Pastor einer evangelischen Freikirche bei Göppingen, wo er auch mit seiner sechsköpfigen Familie wohnt. Nach 25 Jahren als Jesuit führte ihn die Heirat mit seiner jetzigen Frau aus dem Orden, zunächst in die Arbeit als Verlagslektor, später dann in den pastoralen Dienst einer evangelischen Gemeinde bei Frankfurt. Während seiner Arbeit als Jugendseelsorger entstand in Ravensburg die katholische Gemeinschaft „Immanuel". Ritzhaupt ist Übersetzer der NT-Ausgabe „Willkommen daheim".

Fred Ritzhaupt

Gott liebt den Alltag

Was Christen seit Jahrhunderten Kraft gibt
Eine Entdeckungsreise

GerthMedien

FSC www.fsc.org
The mark of responsible forestry
FSC® C017859

Verlagsgruppe Random House FSC-DEU-0100
Das für dieses Buch verwendete FSC®-zertifizierte Papier *EOS*
liefert Salzer, St. Pölten.

1. Auflage 2011
Bestell-Nr. 816 648
ISBN 978-3-86591-648-8

Umschlaggestaltung und Illustrationen: JoussenKarliczek GmbH
Satz: Marcellini Media GmbH, Wetzlar

Inhalt

Um was geht's denn hier?

Die Prärie ist in goldenes Licht getaucht, als drei Männer der untergehenden Sonne entgegenreiten. Plötzlich fragt der mittlere – ganz offensichtlich der Anführer – den Mann zu seiner Linken: „Jo, wie viel ist zwei mal zwei?"

Nach einigem Überlegen entgegnet der Angesprochene: „Vier, Boss."

Rechts neben dem Anführer reitet Jack. Auch diesem stellt er die Frage: „Wie viel ist zwei mal zwei?"

„Hmm, wenn du mich so fragst, würde ich sagen: drei."

Da dreht sich der Boss zu Jo um und schießt ihn vor den Augen von Jack vom Pferd. Dabei murmelt er: „Der weiß zu viel …!"

Kann es sein, dass einige christliche Zeitgenossen diesen makabren Witz verinnerlicht haben? Natürlich nicht in jeder Hinsicht, aber zumindest wenn es um ihr Glaubensleben geht? Und selbstverständlich würden sie auf keinen Fall eingestehen, dass sie geistlich gesehen lieber ein Jack wären und kein Jo. Denn schließlich heißt es doch im Evangelium unmissverständlich: „So wird von jedem, der viel bekommen hat, auch viel erwartet; denn wem viel anvertraut wurde, von dem verlangt man umso mehr" (Lukas 12,48 b).

Also, warum sich nicht zufriedengeben mit dem, was man so vom Glauben in der Kinderstunde oder im Religionsunterricht mitbekommen hat? Warum sich der Frage stellen, wie man in seiner Beziehung zu Gott so wachsen könnte, dass auch noch alle Werktage und nicht nur ein paar Stunden am Sonntag vom Glauben geprägt werden? Wer will schon, geistlich gesehen, aus seinem bequemen Sattel geschossen werden?

Wenn Sie jetzt trotzdem weiterlesen, um mehr über das alltägliche Leben mit Gott zu erfahren, dann haben Sie Mut. Mut, Herausforderungen anzunehmen, und das gleich in zweifacher Hinsicht: Zum einen ist unser Alltag nun einmal die Nagelprobe für unseren Glauben. Bei irgendeinem frommen Event tolle Feelings zu haben ist manchmal sicher notwendig und nützlich, aber es zeigt in keiner Weise, ob wir so etwas wie „Nachfolge Jesu" leben. Heilige Hände im Lobpreis zu erheben ist das eine, sie im alltäglichen Dienen schmutzig zu machen das andere.

Gott hat sich nun einmal entschieden, Mensch zu werden, und er war sich nicht zu schade, dreißig Jahre lang ziemlich privat zu leben und einen Handwerkerberuf (nach neueren Erkenntnissen eher eine Handlangertätigkeit) auszuüben. Christliche Spiritualität ist immer, wie Theologen so schön sagen, „geerdet", hat also etwas mit alldem zu tun, was wir am Montag, Dienstag und den übrigen Tagen der Woche zu bewältigen haben und damit, wie wir die Sache mit Gott hinbekommen.

Die andere Herausforderung: In diesem Buch wagen wir einen Blick über den Zaun. Heute gibt es kaum noch einen Christen, dessen geistliche Welt nur bis an die Grenzen seiner Denomination oder Kirche reicht. Das Blickfeld vieler Menschen hat sich in den vergangenen Jahrzehnten gehörig erweitert. Die Entdeckung der Schätze, die Gott einzelnen Kirchen anvertraut hat, führt ganz offensichtlich dazu, dass Christen sich immer mehr als zusammengehörig verstehen. Es gibt eine wachsende

Sehnsucht nach innerer Einheit, nicht, wie manche befürchten, nach einer Einheitskirche. Die Erkenntnis, dass wir bei aller Unterschiedlichkeit doch nur einem Herrn dienen, zeigt mehr und mehr Wirkung.

Das wurde vor allem Katholiken klar, die durch den charismatischen Aufbruch in ihrer Kirche seit den sechziger Jahren ausgezeichnete geistliche Literatur „jenseits des Zaunes" entdeckten. Und nicht nur das. Zahlreiche konfessionsverbindende Kongresse und nicht zuletzt eine neue Lobpreiskultur aus dem evangelikalen und pfingstlichen Aufbruch gaben wertvolle Impulse in ihre Gemeinden hinein.

Doch auch in die umgekehrte Richtung können wir eine Erweiterung des eigenen Horizontes feststellen. Nur fiel es so manchem evangelisch geprägten Christen unendlich viel schwerer, über den Berg der Vorurteile, ja, Ängste hinwegzuklettern, um selbst einmal einen Blick über den Zaun in die alte, geschichtsbeladene Kirche zu werfen. Wo kann man mit der eigenen Suche beginnen? Wen kann man fragen? Wer ist ein ernst zu nehmender Zeuge für praktische, am Evangelium orientierte Erfahrungen, die helfen können, den inneren Zusammenhang zwischen Glauben und Alltag besser zu verstehen? Hier möchte dieses Buch eine allererste Hilfe anbieten.

Ob sich eine solche Expedition ins Unbekannte lohnt? Oder bringt sich jeder nur in Gefahr, weil er nach dieser Lektüre vielleicht „zu viel weiß"? Wenn möglich, sollten wir den Jack in unserem Herzen ganz schnell beruhigen: Aus den Erkenntnissen, die jeder hier gewinnen kann, wird ihm sicher kein Strick gedreht. Denn eigentlich weiß man nie genug über das Leben mit Gott im Alltag.

Diese Einsicht ist der Beginn der Weisheit – meint zumindest die Bibel …

Bleibt nur noch eine Frage zu klären: Warum ausgerechnet diese Auswahl von Frauen und Männern und warum geht es in diesem Buch nicht etwa um Personen wie Ambrosius, Dominikus, Birgitta von Schweden, Katherina von Siena, Don Bosco, Pfarrer von Ars, Maximilian Kolbe und Edith Stein? Die Antwort ist sehr einfach: Wenn jemand über das Leben von anderen nachdenken will, dann fängt er bei denen an, zu denen er im Laufe vieler Jahre eine besondere Art persönlicher Beziehung aufgebaut hat. Und so ging es auch mir. Meine Auswahl ist daher sehr subjektiv und somit auf die Nachsicht des Lesers angewiesen.

Kapitel 1

Freude ist eine sehr ernste Sache

Hermas (um 150)

Freut euch im Herrn.
Ich betone es noch einmal: Freut euch!
Philipper 4,4 (Neues Leben)

Wie leben eigentlich die ersten Christen? Was denken sie? Was wird in den Gemeinden des 1. Jahrhunderts gelehrt, nachdem die Apostel und ihre unmittelbaren Schüler nicht mehr leben? Solche und ähnliche Fragen bewegen vermutlich jeden Christen, der sich Gedanken über die beste Form christlicher Gemeinden in unserer Zeit macht. Sicher gibt uns die Apostelgeschichte eine Fülle interessanter Details – nur stammen diese eben alle aus der sogenannten „apostolischen Zeit“ der jungen Gemeinde, als es noch Menschen gibt, die das Reden und Wirken von Jesus hautnah erfahren haben und wissen, wie man als Christ leben sollte.

Doch wie geht es dann weiter? Haben die ersten Christen mit den Briefen der Apostel bereits alles, was sie zum Leben brauchen? Ganz sicher nicht. Vor allem müssen sie sich zwangsläufig langsam, aber sicher auf die Tatsache einstellen, dass Jesus offenbar doch nicht so schnell wiederkommt, was die Gemeinden in den ersten Jahrzehnten noch sehr beflügelt hat.

So kommen immer mehr Fragen auf, die die Strukturen der Gemeindeleitung, Aufgaben in der Gesellschaft oder auch ethisches Verhalten betreffen. Für uns heute ist zum Beispiel die Vorstellung, die man bis ins späte 2. Jahrhundert hinein von Taufe hat, nur schwer nachvollziehbar. Wer sich taufen lässt, beendet damit auch sein Leben als Sünder. Abgesehen von den alltäglichen kleinen Verfehlungen darf im Leben eines Getauften nichts passieren, das direkt den Geboten Gottes widerspricht.

Mit der Zeit spürt man jedoch, dass dieser Rigorismus wohl nicht durchzuhalten ist. Man denke nur an die Christen, die in der Verfolgung schwach werden und sich vom Glauben lossagen, um nicht mit Gut und Leben für ihren Glauben bezahlen zu müssen. Sie werden normalerweise aus der Gemeinde ausgeschlossen. Aber viele wollen zurück, voller Reue. Und so muss man sich auch für diese Menschen etwas einfallen lassen.

Freude. Mit dieser Fragestellung beschäftigt sich auch ein Mann namens Hermas (er lebte wohl um die Mitte des 2. Jahrhunderts), der offensichtlich nicht gerade eine intellektuelle Leuchte ist, aber durch seine Bilder und Visionen doch eine gewisse Klarheit in die anstehenden Fragen bringt. Deshalb ist seine Schrift „Der Hirte" weitverbreitet und hat einen nicht unerheblichen Einfluss auf die junge Gemeinde.

Mitten in seinen sehr ernsten Anweisungen, die uns heute auch ein wenig schmunzeln lassen über die „sektenhafte und kleinliche Seite des kirchlichen Lebens" damals (Heinrich Kraft), findet sich jedoch ein Text, der einen geradezu außergewöhnlichen Tiefgang hat und den wir durchaus als „offenbart“ ansehen können. Er kann uns wie kein anderer die Augen dafür öffnen, dass die Freude durchaus eine ernste Sache ist:

Wenn der unentschiedene Mensch in irgendeiner Unternehmung versagt, dringt Traurigkeit in sein Herz ein.
Sie betrübt den Heiligen Geist und vertreibt ihn …
Entferne aus deinem Herzen die Traurigkeit und behindere den Heiligen Geist nicht, der in dir wohnt, damit er sich nicht gegen dich auf Gott beruft und dich verlässt.
Der Geist Gottes, der dir in deinen Leib gegeben worden ist, verträgt weder die Traurigkeit noch die Hemmung.
Bekleide dich mit Freude und genieße sie.
Denn jeder frohe Mensch handelt gut, denkt gut und zertritt die Traurigkeit.
Der traurige Mensch dagegen handelt immer schlecht; zuerst tut er Böses, indem er den Heiligen Geist betrübt, der dem Menschen als Fröhlicher gegeben worden ist; weiters handelt er gegen Gott, indem er nicht zum Herrn betet und ihm seine Sünden nicht bekennt.
Denn das Gebet des traurigen Menschen hat niemals die Kraft, bis zum Altar Gottes aufzusteigen.
So wie der Essig, wenn er mit Wein vermischt wird,
diesem seinen guten Geschmack nimmt,
ebenso schwächt die Traurigkeit die Wirksamkeit des Gebetes, wenn sie dem Heiligen Geist beigemischt wird.
Reinige also dein Herz von dieser schädlichen Traurigkeit,
und du wirst für Gott leben
wie alle jene, die die Traurigkeit abgelegt und die Freude angezogen haben.
Hirte des Hermas, 10. Lehre

Liest man diesen Text einfach so herunter, ist er geradezu ärgerlich. Als ob das so einfach ginge: die Traurigkeit zu verjagen! Dieser Mann hat ja wohl offensichtlich noch nie etwas von schweren Schicksalsschlägen, dem Verlust eines geliebten Menschen oder auch nur von einer endogenen Depression gehört. Vielleicht ist er ja auf der Sonnenseite des Lebens angesiedelt, von der aus sich solche Hammer-Ratschläge ohne jedes Gespür leichter austeilen lassen.

Wie gesagt: Das ist der erste Eindruck, wenn man diesen Text nur flüchtig liest. Denn dann übersieht man nur zu leicht den ersten Satz, der alles Folgende bestimmt: „Wenn der unentschiedene Mensch in irgendeiner Unternehmung versagt, dringt ..." Nur mit diesen kurzen Worten ergibt alles Übrige einen Sinn, darum müssen wir uns mit ihnen ausführlicher beschäftigen.

Wen meint Hermas mit „unentschiedener Mensch"? Für jemanden, der von klein auf das Christentum mehr oder weniger „erlernt" hat, der christlich erzogen wurde und unendlich viele Religionsstunden genossen hat, ohne einmal vor die Frage gestellt worden zu sein, ob er sich jemals für ein Leben mit Gott entschieden hat, bleibt der Begriff „unentschiedener Mensch" rätselhaft.

Nun leben wir in einer Zeit, in der sich auch in den Großkirchen immer mehr die Erkenntnis durchzusetzen scheint, dass der Beginn eines Lebens als Christ in irgendeiner Weise mit einer Entscheidung anfängt. Irgendwann einmal muss ein Mensch in einem Akt seines freien Willens vor Gott (und auch vor seiner Kirche bzw. Gemeinde) bekennen, dass er sein falsches Streben nach Unabhängigkeit aufgeben und von ganzem Herzen von Gott und seiner Führung abhängig sein möchte. Die Bezeichnungen für diesen Schritt sind sehr unterschiedlich – Tauferneuerung, Lebensübergabe, Entscheidung für Jesus etc. –, die Bedeutung ist aber immer dieselbe: Der Mensch will sein Leben nicht mehr in Eigenregie gestalten, sondern mit Paulus sagen können: „Nicht mehr ich lebe, sondern Jesus lebt in mir."

Hermas spricht nun von einem Menschen, der eine solche lebensverändernde Entscheidung (noch) nicht oder nicht wirklich ernsthaft gefällt hat. Ein Mensch, der vielleicht religiös ist und sich sogar für einen Christen hält, der aber letztlich auf sich allein gestellt ist und in einem erdrückenden Maß von seiner eigenen Leistung und der Anerkennung durch seine Mitmenschen abhängig ist. Wenn ein solcher Mensch in irgendeiner Weise versagt, geht dies nicht nur mit der bloßen sachlichen Feststellung einher: „Das hast du vermasselt. Mach's nächstes Mal besser!" Nein, diese Erfahrung trifft sein Selbstwertgefühl empfindlich und löst mehr oder weniger starke Gefühle der Frustration bis hin zur Depression aus. Es „dringt Traurigkeit in sein Herz ein".

Genau diese Menschen meint Hermas, wenn er von den „Unentschiedenen" spricht – und es bleibt jedem von uns überlassen, sich vorzustellen, wer und wie viele seiner Zeitgenossen wohl zu jenen gehören, denen Hermas heutzutage seine „Ermahnung" zur Freude widmen würde.

Hat er uns auch heute nach fast 2.000 Jahren noch etwas zu sagen? Ist seine Botschaft nicht vielleicht wie auf uns zugeschnitten? Was passiert mit dem Heiligen Geist, der einem Christen gegeben ist, wenn dieser sich in Unzufriedenheit und Enttäuschung „suhlt"? Wenn er auf sich, die Umstände oder einfach nur auf andere sauer ist, weil etwas nicht so läuft, wie er es sich vorgestellt hat? Hermas warnt ausdrücklich: „Dein Frust und deine miese Laune vertreiben den Heiligen Geist!"

Meist gehen wir davon aus, dass es unser (sündhaftes) Verhalten ist, das den Heiligen Geist betrübt und ihn schlimmstenfalls zum „Rückzug" drängt. Aber dass unser Frust – vor allem auch über unser eigenes Versagen (!) – ein für Gott unerträgliches Benehmen darstellt, ist doch einigermaßen überraschend. Der seelische Kater über unsere Unzulänglichkeit bis hin zur Sündhaftigkeit, der ja meistens auch mit einer gehörigen Portion Selbstmitleid verbunden ist, setzt den Gott, den wir ja gerade in solchen Situationen besonders bräuchten, buchstäblich vor die Türe.

Hermas erwähnt neben der „schädlichen Traurigkeit" ein weiteres interessantes Wort: Hemmung. Und damit beweist er eine große Kenntnis der christlichen Szene! Wie viele Christen halten sich dezent im Hintergrund, weil sie einfach gehemmt sind, gehemmt durch ihr mangelhaftes Selbstwertgefühl, durch ihre Schuldgefühle, ihre Geschichte, ihren Bildungsstand, ihr Aussehen ... kurz: Die meisten guten Christen bleiben ach so demütig in der hintersten Bank sitzen, weil sie wissen, wer sie sind und dass Gott ganz sicher mit ihnen nichts anfangen kann. Nichts, was sie tun könnten, würde ihm nutzen oder Freude machen können. Hemmung ist das wirkungsvollste Mittel gegen jede Art von fröhlich-freiem Leben als Kind Gottes. Wen wundert es da, dass Hermas uns ermahnt, diese – um es einmal modern zu sagen –

Motivationskiller bewusst anzugehen und aus unserem Denken zu verbannen.

Und dann das: „Bekleide dich mit Freude und genieße sie. Denn jeder frohe Mensch handelt gut, denkt gut und zertritt die Traurigkeit." Ist Hermas vielleicht ein verkappter Hedonist, jemand, der nur das Vergnügen als wahres Ziel aller Anstrengungen anpeilt? Nein, auch hier stehen wir vor einer Wahrheit, die heute so manchem unserer Mitmenschen helfen könnte, seelisch wieder auf die Füße zu kommen. Im Klartext heißt dieser Satz: Freude ist eine wirklich ernste Sache. Ein Mensch, der die Freude in seinem Leben verloren hat, verliert auch gleichzeitig seine Motivation, sich um mehr zu kümmern als um sich selbst (und sein elendes Lebensgefühl). Er ist wie jemand, der bei einem langen Anstieg zu einer hoch gelegenen Hütte auf einen völlig erschöpften Bergsteiger trifft, der den Weg zur Hütte noch schaffen könnte, würde ihm jemand seinen schweren Rucksack abnehmen. Doch unser Mann stöhnt bereits unter der Last, die er selbst zu tragen hat. Er ist unfähig, auch nur ein paar Kilo mehr draufzupacken oder gar den Rucksack des Erschöpften aufzunehmen.

So ist ein Mensch, der keine Freude mehr in seinem Leben hat oder der es völlig verlernt hat, sie auch tatsächlich zu genießen, innerlich kraftlos. Seine Gedanken werden immer düsterer, sein Handeln immer armseliger. Zu viel Kraft geht dafür verloren, Tag für Tag auf die Beine zu kommen und weiterzugehen.

Ein „froher Mensch" dagegen kennt diese überfließende Kraft, die auf andere Menschen so anziehend wirkt. In der Bibel heißt es an einer Stelle noch deutlicher:

„Lasst den Mut nicht sinken, denn die Freude am Herrn gibt euch Kraft!" (Nehemia 8,10).

Hermas fährt fort: „Der Heilige Geist ist dem Menschen als ein Fröhlicher gegeben." Was Calvin wohl gesagt hätte, wenn er diesem Satz begegnet wäre? Was für eine Herausforderung an ein christliches Denken, das eher im ernsthaften, disziplinierten Streben nach einem Gott wohlgefälligen Leben die höchste Verwirklichung des Auftrages sieht, den Gott jedem Menschen auferlegt hat. Ob sich hier der gute Hermas nicht in der Wortwahl vergriffen hat? Gott ist doch nicht fröhlich, oder?!

Es ist gut, dass die Bibel Gott nicht alle möglichen Attribute zuspricht. Schließlich haben wir ja schon mit den wenigen, die ausdrücken wollen, was ohnehin unausdenkbar und damit auch unaussprechlich ist, genug zu tun. So merken wir erst, wenn wir einmal nur *einen* Begriff näher ansehen, wie wenig wir überhaupt mit unserem Verstand erfassen können. Können wir uns etwa ein Wesen, das „von Ewigkeit zu Ewigkeit" existiert, einfach so vorstellen? Fröhlich? Gleiches gilt übrigens auch für den Gedanken vom „fröhlichen Heiligen Geist".

Wirft man einmal einen oberflächlichen Blick in die Bibel, dann wird eines deutlich: Gott, unser Vater, möchte, dass seine Kinder fröhlich sind. Fröhlich im besten Sinne des Wortes: unbelastet, sorgenfrei, ohne Schuldgefühle (bitte nicht verwechseln mit einer Schulderkenntnis, die zur befreienden Umkehr führt), lachend, jubelnd, singend, tanzend vor lauter Dankbarkeit und Freude über unseren Gott. Genau das passiert jedes Mal im Neuen Testament, wenn der Heilige Geist zu wirken beginnt. Die Jünger machen am ersten Pfingsttag auf die vielen

Neugierigen ganz sicher nicht den Eindruck, als kämen sie gerade von einer Beerdigung. Im Gegenteil. Sie sind schon um 9 Uhr morgens ausgesprochen „fröhlich"!

Wenn wir genauer hinschauen, dann gibt uns Hermas sogar einen hochinteressanten Hinweis darauf, woher diese Fröhlichkeit kommt. Wenn ein Mensch vor Gott ehrlich wird und sich selbst nichts mehr vormacht, wenn er demütig genug ist, sich nicht zu rechtfertigen, sondern zu seinem Versagen zu stehen, dann weiß er auch, was er an diesem Gott hat, der die Gnade, das Erbarmen in Person ist. Von sich selbst und seiner Schuld befreit und in der liebevollen Beziehung unseres Vaters geborgen zu sein, das löst eine ganz besondere Art von Freude aus. Aber diese Freude kann nur derjenige erfahren, der, um es mit den Worten des Hermas zu sagen, nicht mehr „gegen Gott handelt", sondern „zum Herrn betet und ihm seine Sünden bekennt". Mit anderen Worten: Wenn wir Gott ausweichen, raubt uns das die Freude. Wenn wir merken, dass wir mit Gott über diesen oder jenen Punkt sprechen sollten, aber wie die Katze um den berühmten heißen Brei herumschleichen und nicht offen mit ihm über alles reden und ihn, wenn nötig, um Vergebung bitten, dann sollten wir gewarnt sein: Unsere kostbare Freude am Leben steht auf dem Spiel.

Ein frustriertes Klagelied stößt im Himmel nicht auf offene Ohren, wenn ein frommer Mensch meint, Gott mit irgendwelchen Floskeln zufriedenstellen zu können. Das meint Hermas, wenn er messerscharf feststellt: Die Gebete eines Menschen, der durch seine mangelnde Offenheit Gott gegenüber in eine depressive Grundstimmung verfallen ist, haben offensichtlich nicht einmal die Kraft, bis zur Zimmerdecke emporzusteigen. Letztlich zeigen sie eine tragische Fehlhaltung Gott gegenüber: „Ich will zwar mit dir keine wirkliche Beziehung, aber für die Bewältigung meines Lebens möchte ich schon gerne mit dir rechnen können. Außerdem weiß man ja nie …!" Hermas würde heute wahrscheinlich sagen: „Tut-tut-tut, kein Anschluss unter dieser Nummer!" Ich denke, dass sich viele fromme Menschen ihre mehr oder weniger langen Gebete sparen könnten, wenn sie dem guten Mann aus dem 2. Jahrhundert abnehmen würden, dass er recht hat, sehr sogar.

Und dann kommt dieser Hammersatz, der im Grunde eine einzige Herausforderung darstellt: „Reinige also dein Herz von dieser schädlichen Traurigkeit und du wirst für Gott leben." Die Reinigung unseres Herzens von der erwiesenermaßen schädlichen Traurigkeit halten wir durchaus für nützlich und daher notwendig. Wer möchte schließlich nicht fröhlich durchs Leben spazieren? Man ist viel dynamischer, erfolgreicher und kommt ganz nebenbei als positiver Mensch bei seinesgleichen auch besser an. Aber Hermas scheint für all diese anziehenden Dinge nicht viel übrigzuhaben. Als ob es das Selbstverständlichste von der Welt wäre, fährt er mit einem folgenschweren Futur fort: „… und du wirst für Gott leben." Hallo?! Mein Bemühen um mehr Fröhlichkeit in meinem Leben soll nur diesem Ziel dienen?! Ja, will ich denn das überhaupt?! Denke ich nicht eher insgeheim: *Na, dann lieber ein bisschen weniger Fröhlichkeit in meinem Leben, dafür aber auch weniger „Leben für Gott"?*

Als ob Hermas genau diese Reaktion erwartet hätte, schließt er mit dem Hinweis darauf, wie viele seiner Zeitgenossen sich schon „umgezogen“ und die alten Fetzen eines traurigen, langweiligen Lebens gegen die schicken Klamotten einer alles durchdringenden Freude eingetauscht haben. Seines Erachtens ist es möglich und durchaus lohnenswert, alles in unserem Leben auf eine Karte zu setzen! Für diesen Gott zu leben. Aus Dankbarkeit. Aus Liebe.

Ein bisschen Hermas in Ihrem Alltag

- Wie fanden Sie diese „Ode über die Freude“? Konnten Sie etwas damit anfangen? Das könnte ein Thema für ein Gespräch mit jemandem sein, dem Sie vertrauen, am besten vor allem mit Gott selbst.
- Gibt es in Ihrem Alltag immer auch etwas, auf das Sie sich freuen? Nein?! Dann sollten Sie ernsthaft daran arbeiten, für solche Augenblicke oder Aktivitäten Raum zu schaffen. Ihre Seele braucht ganz konkrete Portionen Freude, so wie Ihr Körper Sauerstoff braucht, um lebendig zu bleiben.
- Haben Sie sich schon einmal von Herzen über Gott gefreut? Einfach so, darüber, wie er ist, was er uns in Jesus für ein Geschenk gemacht hat? Eine solche Freude wirkt oft Wunder. Und was so großartig an ihr ist: Wir können sie jederzeit erfahren – unabhängig davon, wie sehr Gottes Handeln unseren Vorstellungen entspricht oder nicht.
- Woran erkennen Sie, wie es um Ihren geistlichen Zustand bestellt ist? Es gibt da zwei einfache Fragen, die glatt von Hermas stammen könnten und so eine Art geistliches Fieberthermometer sind:

1. „Wie schnell bin ich entmutigt (frustriert)?“
2. „Wie schnell bin ich gereizt?“ Können Sie bei sich das erkennen, was Paulus in seinem Brief an die Galater als die Frucht des Heiligen Geistes bezeichnet: Friede, Freude, Geduld etc.? Wenn Sie zugeben müssen, dass Sie ziemlich schnell die Geduld verlieren, haben Sie vielleicht, wie Hermas es formuliert, den Heiligen Geist verjagt. Da hilft nur eines: Kurskorrektur.

Kapitel 2

Rar gewordene „Normalitäten“

Aurelius Augustinus (354–430)

Wer sich um Weisheit bemüht,
tut sich selbst einen Gefallen;
und wer Einsicht bewahrt, findet das Glück.
Sprüche 19,8

Es ist sicher mehr als gewagt, einen Mann wie Augustinus in einem einzigen Kapitel abhandeln zu wollen. Nach Meinung aller Wissenschaftler ist er der mit Abstand einflussreichste Denker des christlichen Altertums und seine außerordentliche Bedeutung für die gesamte weitere Entwicklung des Christentums ist dank seiner umfassenden schriftstellerischen Tätigkeit unbestritten.

Rund vier Jahrzehnte nach der sogenannten Konstantinischen Wende, also in einer Zeit, in der Christen sich im gesamten Römischen Reich endlich frei entfalten konnten, wird Augustinus 354 in Tagaste (Numidien, heute: Algerien) geboren. Seine Mutter Monika ist eine tiefgläubige Frau, die gemeinsam mit ihrem heidnischen Mann alles tut, um ihrem begabten Sohn eine für damalige Verhältnisse ausgezeichnete Ausbildung zu ermöglichen – BAföG gibt es nämlich damals noch nicht. Und Augustinus stürzt sich auf alle Werke der klassischen Literatur der Antike, die er finden kann. Er studiert zunächst Rhetorik und lehrt später dieses Fach, macht dann Karriere in Mailand – und auf dem Höhepunkt seines Ansehens erkennt er, dass ohne den Gott und Vater Jesu Christi alles keinen Sinn macht. Nachdem ihn Kirchenvater Ambrosius von Mailand in der Osternacht 387 getauft hat, verlässt er die Stadt und kehrt nach Hause zurück, um dort mit anderen zusammen ein mönchisches Gemeinschaftsleben zu führen, das aber vor allem durch gemeinsame intensive Studien geprägt ist. Seine Schriften aus dieser Zeit sind so gut, dass er rasch weit über seinen Heimatort hinaus bekannt und geschätzt wird. Schon bald beruft man ihn zum Priesterdienst in die Hafenstadt Hippo Regius und gegen Ende des 4. Jahrhunderts zum Bischof (dessen Wirkungsbereich man heute am ehesten mit dem eines Dekans vergleichen könnte).

Dieser rein äußerlich scheinbar so gradlinig verlaufende Lebensweg hat eine Kehrseite: Die innere Entwicklung von Augustinus erlebt zahlreiche Höhen und Tiefen, Umwege und Niederlagen. Er ist so etwas wie ein leibhaftiger „Trial and error"-Typ, der so ziemlich alles selbst durchgemacht und manchmal auch durchlitten hat.

Und an diesem Punkt wird er für uns wirklich interessant. Vieles von dem, was für Augustinus im entscheidenden Moment hilfreich ist und ihm dabei hilft, den eigenen Weg besser zu erkennen, findet er in der Literatur seiner Zeit. Darum weiß er aus eigenem Erleben, wie lebenswichtig die richtige Lektüre zum richtigen Zeitpunkt sein kann. Selbst aus seiner dunkelsten Stunde wird er durch einen Blick in den Römerbrief (Römer 13,13 f.) buchstäblich gerettet. So ist es kein Wunder, dass er zutiefst von den lebensverändernden Möglichkeiten des Mediums „Buch“ überzeugt ist. Er vertritt die Auffassung, dass eine beispielhafte Geschichte ein Schlüssel sein kann, um die eigene Situation besser zu verstehen und eine Lösung für eigene Probleme zu finden. Aus diesem Grund tragen auch eine ganze Reihe seiner Schriften autobiografische Züge. Die gegen Ende seines Lebens verfassten „Bekenntnisse“ schreibt er ganz offensichtlich nicht, um seine Seele zu erleichtern, sondern sie sollen seinen Lesern durch die entwaffnende Ehrlichkeit helfen, mit ihrem eigenen Leben ins Reine zu kommen und es auf den auszurichten, der ein Leben wieder lebenswert machen kann. Bis heute haben die „Confessiones“ des großen Augustinus unzähligen Menschen geholfen, mit Gott endlich eine lebendige Gemeinschaft zu pflegen.

Und wie könnte es anders sein: Für Augustinus ist das Buch der Bücher nach seiner Entscheidung für Christus die eigentliche Quelle seiner Weisheit. Weder vor ihm noch Jahrhunderte nach ihm beschäftigt sich jemand so intensiv mit der Bibel und ihrer Auslegung wie er. Im März 1532 schreibt Luther, von dem Melanchthon berichtet, dass er die gesamten Schriften Augustinus' im Kopf hatte: „Der Kirchenlehrer Augustin war der beste Ausleger der Schrift und überragte alle anderen.“ Aber wenn auch die gesamte Bibel zu seinem festen „Lesestoff“ gehört, fühlt er sich doch in seinem persönlichen Lebensstil ganz besonders vom Brief an die Römer herausgefordert. Was ihn zunächst zu einer völligen Veränderung seiner Lebensweise bewegt, macht später einer noch tieferen Erkenntnis Platz: Wir können uns Gottes Gnade und Erwählung nicht verdienen – welche Erkenntnis, und das 1.100 Jahre vor der Reformation!

Bücher. Aber zurück zu dem, was uns Augustinus heute durch diese ganz besondere Erkenntnis seines Lebens sagen könnte. Lassen wir ihn doch einen Augenblick selbst zu Wort kommen: „Mensch, du hast ein Problem oder sogar mehrere? Bist du schon einmal auf die Idee gekommen, deine Nase in Bücher zu stecken, die dir weiterhelfen könnten? Deine Welt ist so kompliziert geworden, dein Alltag so voller Anforderungen – wie willst du das alles bewältigen mit den mageren Portionen Lebensweisheit, die du hin und wieder abbekommen hast? Schau mal, du musst das Rad nicht noch einmal neu erfinden, vor dir sind schon andere durch ähnliche Situationen gegangen, lerne doch aus ihren Erfahrungen! Du kannst nicht nur lesen, du kannst dir sogar Bücher besorgen. Weißt du eigentlich, welches Privileg das ist?! Je mehr ich damals las, desto heller brannte in mir die Frage nach der Wahrheit, bis ich sie endlich in dem fand, der die Wahrheit ist. Wenn dir die Bibel momentan nicht reicht (weil du das Gefühl hast, alles schon zu kennen), dann lies doch Biografien von Personen, die mit Gott zusammen erleben durften, wie sich ihr Leben zum Guten hin verändert hat. Du kannst ja auch einmal meine ‚Bekenntnisse' lesen, damit du wieder Mut bekommst, wenn du siehst, wie Gott auf krummen Zeilen gerade schreiben kann. Vor allem wirst du in ihnen etwas finden, das zu deinem alltäglichen Lebensstil werden könnte: über alles mit deinem himmlischen Vater zu reden. Über wirklich alles. Versuch nicht länger, ihm und dir etwas vormachen zu wollen. Wenn du ehrlich bist, gibt dein Alltag doch so viel Gesprächsstoff her. Da spielt nicht immer nur schöne Musik. Manchmal beschleicht dich auch das

Gefühl, als sei Gott weit weg. Und dann dauert es nicht mehr lange, bis du dich selbst verurteilst und resignierst: ‚Du schaffst es sowieso nie. So wie du lebst, kann Gott nicht mit dir zufrieden sein …' Wie willst du dich von solchen Gedanken befreien, wenn deine Gehirnwindungen immer auf dem gleichen Kaugummi herumkauen, der fade schmeckt und überall kleben bleibt? Nimm dir ein wirklich gutes Buch, möglichst von einem ehrlichen Zeitgenossen, und gib deinen grauen Zellen mal etwas Frisches zu verdauen. Tag für Tag ein bisschen, vor dem Schlafengehen oder morgens als Muntermacher für die Seele."

So oder ähnlich würde Augustinus uns helfen wollen, die Nase über den Fluten des Alltags zu halten. Oder wie Salomo es ausdrücken würde: „Wer Klugheit erwirbt, liebt sein Leben; und der Verständige findet Gutes" (Sprüche 19,8).

Der Heilige Geist. Das Lebenswerk eines Augustinus ist eigentlich unerschöpflich. Es gäbe so viel Wertvolles bei ihm zu entdecken! Wenn wir uns hier noch auf einen weiteren Aspekt seines Lebens konzentrieren, dann nicht nur deswegen, weil er so etwas wie eine Grundlage für unser Leben im Alltag darstellt, sondern weil man diesen Punkt normalerweise nicht mit Augustinus in Verbindung bringen würde.

Seit über hundert Jahren erlebt die Christenheit weltweit eine Art Wiederentdeckung des Heiligen Geistes mit all seinen im Neuen Testament beschriebenen „Nebenwirkungen". So konnte der Eindruck entstehen, als seien nach der Zeit der Apostel Erfahrungen mit dem Heiligen

Geist bis in unsere jüngste Vergangenheit (1903*) einfach aus dem Leben der Christenheit verschwunden. Bis in die Neuzeit hinein bekannte man zwar tapfer die Dreieinigkeit, aber die dritte Person in Gott war schlichtweg arbeitslos. Oder, was noch schlimmer ist, sie wurde nur dann gebraucht, wie kritische Köpfe anmerkten, wenn man für seine Argumente keine vernünftigen Begründungen mehr fand.

Zugegeben, es gab diese „Geistvergessenheit", wie es die Theologen nennen. Interessant ist nur, dass so mancher muntere Christ heute angesichts der unübersehbaren Ausbreitung des „geisterfüllten" Glaubens fest davon überzeugt ist, dass das Christentum eigentlich erst jetzt richtig anfangen würde. Denn ohne den Heiligen Geist ist es nur mühsame Religion und eine herzliche Beziehung zu unserem Vater im Himmel gar nicht erst möglich. Daran ist viel Wahres, aber zur Zeit eines Augustinus war das Leben mit und im Heiligen Geist der Normalfall in den Gemeinden – und das 400 Jahre nach der Geburt Jesu!

Der sizilianische Patrologe Giuseppe Bentivegna hat das Leben und die Schriften von Augustinus unter dem einen Blickwinkel durchforstet: Hatte Augustinus beziehungsweise hatten die damaligen Gemeinden eine Ahnung von der Bedeutung und dem Wirken des Heiligen Geistes? Was er herausgefunden hat, ist für die Frage nach unserem geistlichen Leben im Alltag ausgesprochen ergiebig. Es wird auf der einen Seite diejenigen bestätigen,

* Gemeinhin datiert man den Aufbruch eines geisterfüllten Christentums mit der Erweckung in der Asusa-Street, Los Angeles, 1903.

die sich auf ihrem Glaubensweg mit dem Heiligen Geist auseinander- und dann zusammengesetzt haben. Aber andererseits wird es diejenigen ganz sicher herausfordern, die alles Pfingstlich-Charismatische gerne als Randerscheinung des Christentums abtun, das seinen Platz in der Urgemeinde hatte, aber damals schon früh und heute erst recht ohne Bedeutung ist.

Was für ein Glück, dass Augustinus heute nicht mehr so kämpferisch auftreten kann wie seinerzeit gegen Anhänger bestimmter Sonderlehren. Er würde sonst Christen, die mal so leichthin nichts vom Heiligen Geist halten, die Leviten lesen. Bestimmt. Denn in seinem Leben und in seinen Gemeinden gehört das, was uns heute eher exotisch vorkommt, zum Alltag.

Zunächst einmal geht er davon aus, dass eigentlich jeder Christ mit dem Heiligen Geist getauft sein müsste. Auch wenn diese Taufe schon damals nicht zu den sieben Sakramenten der katholischen Kirche gehört, ist sie dennoch für ihn notwendig, um überhaupt als Christ leben zu können. Das klingt in manchen Ohren sicher verdächtig nach Exklusivität, so als gäbe es bei ihm Christen erster Klasse. Aber die Erfahrungen, die Augustinus als Folgen dieser Ausgießung des Heiligen Geistes über jeden Einzelnen beschreibt, sind ausnahmslos wertvoll; sie können unser tägliches Leben leichter und gleichzeitig erfüllter machen. Schon seltsam, wenn ein Christ sich schmollend in die Ecke stellt und vor sich hin murmelt: „Ich will aber diese Geschenke nicht, ich mag kein erfülltes Leben, mich interessieren die Gedanken Gottes über mein Leben überhaupt nicht!“ Da die wenigsten von uns so denken, sollten wir uns einmal ein paar der

Geschenke anschauen, die Augustinus in seinem Leben entdeckt hat.

Heilung. Für Augustinus ist körperliche Heilung ein alltägliches Zeichen für das Wirken des Heiligen Geistes. Interessant ist dabei, dass zwar auch in seinen Gemeinden für Kranke gebetet wird, dass aber spontane Heilungen offensichtlich seltener vorkommen als solche, die im Augenblick des Gebetes beginnen und mit den folgenden Gebeten weiter voranschreiten. Dabei sieht Augustinus einen engen Zusammenhang zwischen der Heilung der Beziehung zu Gott und der Heilung des Körpers. Heute müssen wir erst oft mühsam lernen, dass letztlich im Leben eines Menschen die Versöhnung mit Gott, die ernsthafte Umkehr von einem falschen Weg wichtiger ist als alles andere. Gott möchte uns heilen – das gilt heute noch genauso wie damals. Doch der Wunsch nach einer möglichst spektakulären Heilung ist ganz sicher nicht vom Heiligen Geist inspiriert. Gott bleibt souverän in dem, wie er auf unser Gebet um Heilung antwortet. Dennoch gilt in jedem Fall: Ob wir nun in unserem Alltag mit Querelen und Wehwehchen konfrontiert sind oder aber auch mit ernsten Erkrankungen: Die Botschaft des großen Augustinus lautet in jedem Fall: Niemals etwas einfach hinnehmen!

Für einen Menschen, der mit dem Heiligen Geist „zusammenarbeitet", gibt es gerade in seinem Alltag wunderbare Momente, in denen er die abenteuerliche Erfahrung machen darf: „Gott möchte mich gebrauchen." Was für wunderbare Dinge sind schon aus einem schüchternen „Darf ich für dich beten?" entstanden!

Stärkung. Augustinus erkennt selbst, in welcher Weise der Heilige Geist sein Denken verändert, Niedergeschlagenheit vertreibt und ihn geistlich wieder auf die Füße stellt. Wie viele Christen haben ihren Glauben auf Eis gelegt, weil sie einfach keine Kraft und – nennen wir es ruhig beim Namen – keine Lust mehr hatten weiterzugehen? Der graue Alltag hat all die guten Dinge der Vergangenheit geschluckt: das Feuer, die Begeisterung, die unleugbaren Erfahrungen mit dem Eingreifen Gottes. Für Augustinus gibt es nur einen, der uns an all das erinnert, was Gott schon für uns getan hat, der uns mit neuer Kraft versorgt und Sorge trägt, dass unsere Beziehung zu Jesus und unserem Vater im Himmel nicht im Fernsehsessel einschläft: der Heilige Geist. Nur: Er ist ein Gentleman. Er wird sich niemandem aufdrängen. Er möchte eingeladen werden. Wer in der Frühe todmüde und wie gelähmt auf der Bettkante sitzt, in den grauen Morgen blickt und an all das Unangenehme denkt, das an diesem Tag auf ihn zukommen könnte, sollte es einmal mit Augustinus versuchen: „Heiliger Geist, ich brauche heute eine doppelte Portion Kraft von dir. Bitte komm und erfülle mich neu … bitte!" Lassen wir uns von dem überraschen, was dann passiert.

Gemeinde. Ein Geschenk des Heiligen Geistes würde man am allerwenigsten erwarten – vielleicht sich zunächst nicht einmal wünschen. Es ist die Liebe zur eigenen Gemeinde. Es gibt viel zu viele Christen, die von Gemeinde zu Gemeinde wandern, weil sie die suchen, die perfekt zu ihnen passt. Aber sie werden sie nie finden, denn alle sind ein bisschen seltsam, sobald man sie näher kennenlernt. Es ist tatsächlich eines der Erkennungsmerkmale für einen mit dem Heiligen Geist erfüllten Menschen, dass er die ganz konkrete Gemeinde (Kirche), in der er nun mal ist, liebt und sich an sie hingibt. Er weiß, dass sie die Braut Christi ist, und er weiß auch, dass er sie lieben und verehren darf. Immerhin hat Jesus sein Leben für sie hingegeben und er ist ihr Haupt – wer bin ich also, dass ich voller abschätziger Kritik und oft aus verletztem Stolz auf sie herabschauen dürfte?! Das gilt nicht minder für den Umgang mit anderen Gemeinden und Denominationen. Der Heilige Geist lässt ihnen gegenüber nichts anderes zu als liebevollen Respekt und den festen Willen, sie jederzeit von Herzen zu segnen.

Gebet. Augustinus beschreibt auf unnachahmliche Weise, wie unsere Beziehung zu Gott ohne den Heiligen Geist aussieht: Gebete werden zu Floskeln, Gottesdienste zu traditionsbeladenen Ritualen, und überall wartet die Langeweile. Sein Rat: Wer Mühe mit seinem Gebetsleben hat, sollte nicht in erster Linie andere Tageszeiten ausprobieren oder sich nach neuen Methoden umsehen, damit „es besser klappt", sondern den Heiligen Geist einladen, dafür zu sorgen, dass das eigene Gebet mehr Tiefgang bekomme – etwas, das wir selbst nicht so ohne Weiteres machen können, nach dem wir uns aber sehnen. Schon Augustinus hat entdeckt, dass der Heilige Geist für unsere Kommunikation mit Gott zuständig ist. Wenn also jemand bildlich gesprochen auf der geistlichen Leitung steht, dann sollte er diesen einzigartigen Spezialisten mal die Sache überprüfen lassen. Immerhin wissen wir ja durch Paulus, dass er schon lange vor unserem ersten Wort „mit einem Seufzen, wie es sich nicht in Worte fassen lässt" (Römer 8,26), für uns bei Gott vorspricht. (Apropos Seufzer: Dabei handelt es sich nicht um ein Stöhnen, weil ihm irgendetwas wehtun könnte, sondern um ein auch uns wohlbekanntes Seufzen, höchstwahrscheinlich, weil so manches in unserem Leben immer noch ausgesprochen „gottlos“ abläuft. Oder es sind Seufzer der Erleichterung: „Na, endlich, dieses Seelchen hat's verstanden!“)

Anzahlung auf das große Erbe. Von Augustinus stammt der wunderbare Ausspruch: „Du hast uns zu dir hin geschaffen, und unruhig ist unser Herz, bis es ruht in dir.“ Diese Ausrichtung auf das Leben „danach“ prägt viele seiner theologischen Schriften. Ein Leben hat erst dann Sinn, wenn es den letzten Fragen standhalten kann. Und auch hierin sieht Augustinus ein ganz besonderes Aufgabengebiet des Heiligen Geistes. Was wir in und mit ihm erleben dürfen, ist ein erster Vorgeschmack auf das, was einmal sein wird. Der Heilige Geist ist sozusagen Gottes Anzahlung auf unser gewaltiges Erbe, das wir einmal bei ihm antreten dürfen. Schon im gewöhnlichen Leben ist es nicht besonders klug, aus Gleichgültigkeit auf eine hübsche Vorauszahlung aus einem großen Erbe zu verzichten. Wie viel mehr gilt das dann für unser ewiges himmlisches Erbe. Für Augustinus war diese Anzahlung zudem so etwas wie eine Versicherung Gottes: „Dein Vertrauen in mich geht nicht ins Leere. Du wirst eines Tages bei mir sein. Mein Heiliger Geist ist mein Unterpfand dafür.“

Wenn man diese Anzahlung unseres ewigen Erbes nicht bewusst wahrgenommen hat, bleibt im hintersten Winkel unseres Herzens immer ein Rest Ungewissheit zurück: „Und wenn alles nicht stimmt? Wenn alles doch nur Menschenwerk ist und nach dem Tod alles aus ist?“ Es braucht wirklich nicht viel Fantasie, sich vorzustellen, wie das Leben eines Menschen aussieht, dessen einzige Sicherheit die Verdrängung seiner Unsicherheit ist. Jesus wollte nicht, dass auch nur einer, der ihm nachfolgt, nicht weiß, wo sein wahres Zuhause ist. Nicht weiß, wem er in den dunkelsten Stunden seines Lebens vertrauen kann. Darum hat er uns seinen Geist als Tröster und Beistand geschenkt. Nicht für den Sonntag, sondern für den Stress und den Frust und manchmal auch die Ausweglosigkeit unseres Alltags.

Jubel. Auch wenn Augustinus geradezu ein Musterbeispiel für einen Menschen ist, der sich als neue Schöpfung durch Gottes Gnade erlebte: Zu allen Zeiten haben Menschen, die sich nach einer Beziehung zu Gott sehnten, diese Erfahrung gemacht. Im 2. Korintherbrief 5, Vers 17 heißt es: „Gehört jemand zu Christus, dann ist er ein neuer Mensch. Was vorher war, ist vergangen, etwas Neues hat begonnen." Das gibt es tatsächlich, dieses unbeschreibliche Glück eines Menschen, dass – endlich – Altes der Vergangenheit angehört und ihm noch einmal ein wirklich neues Leben geschenkt wurde. Die Freude, ja, der Jubel und die Dankbarkeit, die in einem solchen Menschen aufsteigen, sind für Augustinus Zeichen dafür, dass jemand mit dem Heiligen Geist erfüllt ist.

Bleibt die Frage, warum wir dann nicht immer so jubelnd durch den Alltag schweben. Der Hauptgrund ist wohl unsere Vergesslichkeit. Die Dampfwalze unserer täglichen Pflichten und Sorgen macht unsere besten Empfindungen Gott gegenüber einfach nur platt. Da wird nicht mehr viel gejubelt, zumal wir auch noch Wesen sind, in deren Erinnerung selbst die großartigsten Erfahrungen irgendwann verblassen. Wie meint doch noch

Hermas in seinem „Hirten“, als hätte er eine Predigt von Bischof Augustinus gehört? „Verjage nicht den Heiligen Geist, der dir als fröhlicher gegeben ist …!“ und: „Wer dieser Einsicht treu bleibt, erlangt das Gute.“

Gebet des Augustinus

Groß bist du, o Herr, und deines Lobes ist kein Ende,
groß ist die Fülle deiner Kraft, und deine Weisheit
ist unermesslich.
Und loben will dich der Mensch,
ein so geringer Teil deiner Schöpfung;
der Mensch, der sich unter der Last der Sterblichkeit
beugt, dem Zeugnis seiner Sünde,
einem Zeugnis, dass du den Hoffärtigen widerstehest;
und doch will dich loben der Mensch,
ein so geringer Teil deiner Schöpfung.
Du schaffst, dass er mit Freuden dich preise,
denn zu deinem Eigentum erschufst du uns,
und ruhelos ist unser Herz,
bis es ruhet in dir.

Ein bisschen Augustinus in Ihrem Alltag

- Sind Sie der Ansicht, dass Ihr Leben mit Gott durch das Lesen vieler Bücher eher komplizierter wird?
- Haben Sie schon einmal durch ein Buch (nicht die Bibel!) echte Hilfe für Ihr Leben erfahren?
- Welche Rolle spielte der Heilige Geist bisher in Ihrem Leben?

- Haben Sie schon so etwas wie die Erfüllung mit dem Heiligen Geist erlebt? Falls nicht: Hat Ihnen die Beschäftigung mit Augustinus Mut gemacht, sich nach dieser neuen Dimension Ihres Glaubens auszustrecken?
- Entdecken Sie in sich ein kräftiges Aber, weil Sie vielleicht nicht gerade die besten Erfahrungen mit Menschen gemacht haben, die ständig vom Heiligen Geist reden, sich aber sonst ziemlich geist-los gebärden? Was halten Sie davon, dieses Aber noch einmal zu überprüfen?
- Ist bei Ihnen im Laufe Ihres Lebens die Erinnerung daran verblasst, dass es früher einmal Zeiten gab, in denen Sie über Ihren Erbanteil „jubelten“? Falls Sie jetzt in sich so etwas wie eine Sperre empfinden, zu dieser ersten Liebe zurückzukehren: Haben Sie den Wunsch oder vielleicht sogar schon eine Idee, wie Sie die Blockierung angehen könnten?

Kapitel 3

Von einer Kultur, die das Herz verändert

Benedikt von Nursia (480–547)

Arbeitet mit Freude als Christen,
die nicht den Menschen dienen,
sondern dem Herrn.
Epheser 6,7

Ein Papst erwählt ihn zum Schutzpatron Europas (Paul VI.), ein anderer schreibt seine Biografie (Gregor I.) – ist Benedikt von Nursia also ein Mann, der nur innerhalb der katholischen Kirche eine herausragende Bedeutung besitzt? Diese Frage mit Nein zu beantworten fällt nicht schwer, denn was dieser Mensch im 6. Jahrhundert nach Christus denkt, lebt und niederschreibt, prägt das gesamte europäische Festland. Jemand hat einmal pointiert gesagt, ohne Benedikt würden wir heute wahrscheinlich noch mit den Fingern aus Holzschüsseln essen. Auch wenn das natürlich rhetorisch überzogen ist, so verdanken wir durchaus einen Großteil unserer abendländischen Kultur dem Einfluss dieses Mannes.

Wer ist dieser Benedikt von Nursia (heute Norcia im umbrischen Apennin, nordöstlich von Rom), der 480 nach Christus geboren wird? Schon als junger Erwachsener macht er Erfahrungen, die uns in fataler Weise an unsere Gegenwart erinnern: Während seines Studiums in Rom beobachtet er sehr genau die Gesellschaft, in der er sich bewegt. Und er erkennt die wachsende Dekadenz einer satten Zivilisation, die einen jungen Menschen in den Strudel von Sinnlosigkeit und Vergnügen hineinreißen will. Kommt uns das Ganze nicht irgendwie bekannt vor? Auch das Christentum stellt zu dieser Zeit keine wirkliche Alternative mehr dar; es hat sich seit Konstantin dem Großen bequem eingerichtet und genießt die neue machtvolle Position, die ihm der Staat einräumt. Wie später Franz von Assisi, so kehrt auch Benedikt seinem Elternhaus und seinen eigenen großen Plänen den Rücken und begibt sich auf die Suche nach einem Leben, das mehr dem entspricht, was er durch das Lesen des Evangeliums kennengelernt hat. Er findet es zunächst bei einer Gemeinschaft frommer Männer, zieht sich aber dann noch weiter in die Einsamkeit zurück. Eine Höhle in den Bergen von Subiaco (östlich von Rom) ist für mehr als drei Jahre seine Klosterzelle. Weil sich sein guter Ruf in der Gegend verbreitet, drängt ihn eine benachbarte Mönchsgemeinschaft, deren Abt gestorben ist, ihr neues Oberhaupt zu werden. Nur sehr zögernd verlässt Benedikt seine einsame Höhle. Leider stellt sich heraus, dass seine Gradlinigkeit nicht mit dem etwas lockeren Lebensstil der Gemeinschaft zusammenpasst, und so will diese ihn wieder loswerden. Da ihre Klosterregel das aber nicht zulässt, beschließt sie, das Problem mit einer vergifteten Erfrischung zu lösen. Diese Geschichte ist gut belegt und eignet sich hervorragend für eine spannende Filmsequenz: Benedikt segnet mit einem Kreuzzeichen den ihm gereichten Becher und im selben Moment zerspringt dieser in tausend Stücke. Benedikt segnet anschließend in aller Ruhe auch die beschämte Schar und zieht sich wieder in die Einsamkeit seiner Berge zurück.

Solche und ähnliche Begebenheiten werden nicht erst posthum verbreitet. Schon zu seinen Lebzeiten erkennt man, dass Benedikt ein Mensch ist, der in besonderer Weise von Gott gebraucht wird. So ist es auch nicht weiter verwunderlich, dass sich um Benedikt die Gemeinschaften von zwölf kleinen Klöstern sammeln, allesamt in den Bergen von Subiaco. Es muss eine höchst interessante Mischung gewesen sein, die seine Persönlichkeit zu einer Einheit verbindet: verwöhnte Söhnchen reicher Römer, gerade erst freigelassene Sklaven, ziemlich fremde und wenig geliebte Goten, kurzum: Für Benedikt sind in Christus alle eins – völlig unabhängig von Herkunft und Ansehen. Angesichts dieser verstreuten Schar bleibt Benedikt letztlich nichts anderes übrig als umzuziehen. Auf einen Berg. Auf dem nichts drauf ist. Dem Monte Cassino. Hier baut er ab 529 das berühmte Kloster auf und hier stirbt er auch in den Armen seiner Brüder, wohl am 21. März 547.

Zum schlichten Allgemeinwissen gehört die benediktinische Lebensregel „Ora et labora!“ Zu Deutsch: Bete und arbeite! Es wäre schon ein wenig fatal, würde man Benedikts Erbe auf einen solchen Satz reduzieren. Damit kann man vielleicht das Arbeitswochenende einer Kirchengemeinde betiteln, aber sicher keine weltverändernde Bewegung auslösen. Was also können wir von Benedikt wirklich lernen? Was macht die Begegnung mit ihm für uns, die wir wahrscheinlich eher nicht in einer Mönchsgemeinschaft leben, so wertvoll?

Es ist die faszinierende Weisheit, die Benedikt aus dem Umgang mit dem Herrn seines Lebens gewinnt. Seine Ordensregeln atmen den Geist Jesu in solcher Klarheit und Liebe, dass auch wir „Nichtmönche" viel dabei lernen können, wenn wir uns auch nur einige Grundsätze näher anschauen.

Horchen und Gehorchen. Vielen von uns erscheint das Gebet wie ein Telefonat mit einem Anrufbeantworter: Man spricht und spricht, bekommt aber keine Antwort. Kommunikation mit Gott? Ja, wie denn? Zeitlebens erscheint diese vielen wie eine Einbahnstraße. Und wenn dann am Sonntag die gute Nachricht verkündet wird, dass die Schafe, die zu Jesus gehören, auch seine Stimme hören, dann lässt so manch einer den Kopf hängen und denkt leise bei sich: *Vielleicht bin ich gar nicht sein Schaf, ich hör ihn einfach nicht.*

Benedikt ist beglückt darüber, dass Gott zu uns redet, und wenn er als Abt für seine Mönche etwas erreichen will, dann ist es das Wecken ihres inneren Gehörsinns für das Reden ihres Gottes. Was er selbst in der Einsamkeit gesucht und gefunden hat, möchte er an alle weitergeben, die sich danach sehnen, wirklich mit Gott ins Gespräch zu kommen. Für ihn ist es geradezu lebenswichtig, dass Gott uns anspricht. Wenn wir im Vaterunser beten, dass sein Wille geschehe (in der jüdischen Übersetzung heißt es übrigens: sein Wille getan werde), Gott sich aber bewusst in Schweigen hüllen würde, wäre die Frage nach seinen Gedanken über unser Leben lächerlich und überflüssig. Doch Gott will sich mitteilen. Er sucht Menschen, die bereit sind, ihr inneres Ohr auf ihn auszurichten, bis der Dialog leise beginnen kann. Und genau das möchte Benedikt aus seinen Brüdern förmlich herauslocken. Immer wieder wirbt er für seinen Herzenswunsch mit Sätzen wie: „Was gibt es Schöneres als die Stimme des Herrn, der uns einlädt? Seht, in seiner Güte zeigt uns der Herr den Weg zum Leben."

Ob das nur für Mönche gilt, die in ihrer ruhigen, überschaubaren Welt von nichts abgelenkt werden? Das wäre ja eigentlich unfair. Dann hätte Gott zwei Arten von Kindern: Die einen bekommen von ihm liebevolle Anweisungen für ein lebenswertes Leben, die anderen müssen ohne sein Reden durch den Wirrwarr ihres Alltags stolpern. Das kann ja wohl nicht sein. Also muss es auch uns, die wir außerhalb von Klostermauern leben, möglich sein, als seine Schafe auch seine Stimme zu hören.

Aber wie lernt man das? Zuallererst sollte sich jeder wirklich ehrlich fragen, ob er Gott überhaupt hören *will*. Was ich nicht weiß, macht mich bekanntlich nicht heiß. Wenn ich also nicht mitbekomme, dass Gott mit mir redet, habe ich die Freiheit, das zu machen, was *mir* richtig erscheint. Entsprechend bedeutet das erstens: Irgendwann muss ich meinem Gott bewusst sagen: „Ich möchte gerne deine Stimme hören." Zweitens muss ich dieses Hören trainieren. Benedikt versucht, seinen Brüdern begreiflich zu machen, dass Gehorsam eine großartige Vorübung ist, um für Gottes Reden sensibel zu werden. Wer es sich zur Gewohnheit macht, auf jeden Menschen, der ihm begegnet, mit einer Grundhaltung des aufmerksamen Hörens einzugehen, trainiert damit die „Ohren seines Herzens". Für Benedikt ist so jemand ein Mensch, der verstanden hat, dass ihm in jedem Mitmenschen Jesus begegnet. Es gilt, eine Sensibilität für die Gegenwart Gottes zu entwickeln, nicht zuletzt auch in der Schöpfung, ja, in allen Dingen, die uns umgeben. Das kann nun nicht geschehen, wenn wir gestresst oder gehetzt sind. Darum braucht es hin und wieder auch ein bewusstes „Abschalten" – wir müssen sowohl äußerlich eine Zeitlang auf die mediale Dauerberieselung verzichten als auch innerlich. Wenn wir unablässig „in action" sind, im Gebet nur selbst reden und niemals auf Empfang schalten, kann Gott beim besten Willen nicht zu uns durchdringen. Manche Manager ziehen sich daher von Zeit zu Zeit in ein Kloster zurück, um einfach nur in der Gegenwart Gottes zu sein und mit dem Herzen zu hören. Es lohnt sich, ihre begeisterten Berichte zu lesen, um selbst mehr Appetit auf solche erfüllten Zeiten zu bekommen, in denen wir von unserem Vater im Himmel direkt angesprochen werden können.

Leider werden sich viele von uns kaum solche längeren Zeiten des Abschaltens leisten können, aber ein Alltag ohne irgendwelche Atempausen für die Seele artet nur zu schnell in eine nervtötende Tretmühle aus. Und das will mit Sicherheit niemand! Also werden wir nicht umhinkönnen, Gott zu bitten, uns das Hören beizubringen.

Festigkeit aus Freiheit. Alle reden von der Postmoderne und dass ihr hervorstechendstes Merkmal die Angst der Menschen vor Bindung und Verbindlichkeit sei. Jede Gemeinde – ja, mittlerweile schon fast jeder kleine Verein – kann ein Lied davon singen. „Kann ich mit dir rechnen, dass du bei dem Wochenende in vier Wochen diesen

Dienst übernimmst?" – „Ja, schon, aber ich kann dir noch nicht fest zusagen, ich weiß noch nicht …" Unverbindlichkeit ist ein echtes Markenzeichen auch der Christen geworden und so manche Freikirche macht ihrem Namen alle Ehre: Wir nehmen uns frei, wann und wie wir wollen.

Benedikt analysiert dieses Verhalten messerscharf – und das eineinhalb Jahrtausende vor unserer ach so fortschrittlichen Zeit. Für ihn ist klar, warum Menschen im Tiefsten ihres Herzens so „unbehaust" sind, sich an nichts und niemanden binden wollen: Sie haben nicht verstanden, wozu Gott ihnen die wunderbare Gabe der Freiheit anvertraut hat. Die meisten leben instinktiv nach der Devise: Freiheit ist: tun und lassen zu können, was man will. Folglich auch: sich durch nichts und niemanden einschränken zu lassen. Und statt Erfüllung, Ruhe und innerer Zufriedenheit ernten Menschen durch diesen Missbrauch ihrer Freiheit ein unruhiges, zerfahrenes, „unbehaustes" Leben. Die Klosterregeln Benedikts setzen genau an diesem Punkt an und sind eine einzige Einladung, die Gabe der Freiheit so zu gebrauchen, dass jemand zu seinem ursprünglichen „Daheimsein" zurückkehren kann.

Hier ist es eine Frage unseres Herzens, ob wir dieses „Muss" als Fesseln ansehen und den Tag herbeisehnen, an dem sie von uns abfallen, oder ob wir sie mit unserer ganzen Freiheit annehmen und sagen: „Das ist mein Platz. Es ist gut so. Meine Seele kann aufhören, durch die Gegend zu geistern und ständig unzufrieden nach etwas anderem und scheinbar Besserem zu suchen." Wird einmal eine solche Entscheidung gefällt – auch wenn sie jemandem ein echtes Opfer abverlangt –, kommt eine

Festigkeit in das eigene Leben, die viel Gutes nach sich zieht. Die Zuverlässigkeit eines solchen Menschen wird für seine Zeitgenossen eine Wohltat; seine Verbindlichkeit macht erst große Dinge möglich. Denn die innere rastlose Wanderschaft ist zu Ende und die ewig unzufriedene Seele ist endlich angekommen. Selbst die sogenannte Freizeit bekommt eine andere Qualität, weil wir aufgrund der gewonnenen Festigkeit auch unsere Freiheit viel bewusster erfahren und gestalten können.

Darum waren und sind die Klosterregeln des Benedikt in ihrer Weisheit und Klarheit eine ausgesprochen menschliche Herausforderung, weil sie letzten Endes nur ein großes Ziel verfolgen: die innere Freiheit.

Nehmen wir zum Beispiel den benediktinischen Grundsatz der *stabilitas loci*, die Bindung an ein Kloster, an einen Ort mit seiner ganz konkreten Gemeinschaft. Benedikt ist überzeugt: Je mehr sich ein Mensch aus freien Stücken an eine konkrete Lebenssituation hingibt, desto freier wird er im Laufe seines Lebens. Diese Vorstellung ist für unsere postmoderne Gesellschaft geradezu unerträglich, aber sie bewahrheitet sich durch die faszinierende Weite, die sie ermöglicht. Wäre das anders, so würde es nicht bis in unsere Zeit hinein unzählige Klöster, ja, selbst evangelische Kommunitäten geben, die immer noch ein erfülltes Leben aus den eineinhalb Jahrtausende alten Gedanken eines Benedikt von Nursia schöpfen.

Das bringt uns zu einem letzten Bereich benediktinischer Denk- und Lebensweise. Wie kaum ein anderer ist er vom Geist Jesu durchdrungen und kann uns deshalb im Alltag zu einer echten Hilfe werden.

Der Einzelne und die anderen. Die Philosophen sagen es uns: Der Mensch ist ein *ens sociale*, ein Wesen, das auf Gedeih und Verderb auf seinesgleichen angewiesen ist. Keiner von uns kann völlig unabhängig von anderen Menschen existieren – auch wenn wir uns manchmal auf eine einsame Insel wünschen, auf der wir nur die innige Gemeinschaft einer Dattelpalme genießen. Hier meldet sich ein dickes Problem an: Meine Arbeit, meine Familie, meine Verwandtschaft könnte ich ja locker ertragen, wenn ich von den einen nicht gemobbt, von den anderen gestresst oder von wieder anderen geschnitten würde. Mein Problem sind immer die anderen. Wie schön wäre es auf der Welt, wenn es nur Leute gäbe, die mich mögen (und meine Zicken und Macken einfach wegstecken …)!

Benedikt hat im Laufe seines Lebens mit sehr vielen und höchst unterschiedlichen Menschen zu tun. Mit manchen von ihnen verbringt er Jahrzehnte unter einem Dach – und das nachgewiesenermaßen nicht einmal schlecht. Was tut er, das auch uns helfen könnte?

Zuallererst fängt er da an, wo die Quelle aller Probleme mit anderen Menschen sprudelt: bei sich selbst. Wenn ein Mann in seine Gemeinschaft eintreten will, muss er durch seine wachsende Beziehung zu Gott lernen, sich selbst nicht nur anzunehmen, sondern sich mit sich selbst und seiner Geschichte immer mehr auszusöhnen. Andernfalls bleibt er ein Mensch, der, wie es die mittelalterliche Theologie ausdrückte, ein *homo in se curvatus* ist, ein Mensch, der in sich selbst verbogen ist. Wer nie gelernt hat, sich selbst anzunehmen, so wie er von Gott angenommen ist, wird auch andere nicht ertragen können, weil er sich nicht leiden kann. Der Weg aus der „Unbehaustheit“ nach Hause, wie er im letzten Abschnitt kurz skizziert wurde, ist für Benedikt untrennbar mit dem „Ankommen bei sich selbst“ verbunden. Für Benedikt geht diesem Ankommen ein „In-sich-Gehen“ voraus, wie wir es auch von dem verlorenen Sohn aus dem Gleichnis Jesu kennen. Benedikts Rat an uns könnte demnach lauten: „Wenn du mit anderen Menschen auskommen möchtest, lerne erst einmal, in dich zu gehen, damit du dich in deiner eigenen Haut wohlfühlen kannst; komm erst einmal mit dir selbst gut aus, dann wird es auch leichter mit den anderen.“ Jesus bringt es noch knackiger auf den Punkt: „Liebe den nächsten wie dich selbst.“ (Sich selbst lieben ist demnach ein Gebot Gottes! Schon gehört?)

Ein zweiter Rat lässt sich aus den Regeln ableiten, die für den Abt eines Klosters bestimmt sind. Hier geht es um den Umgang mit Menschen, für die man eine gewisse Verantwortung trägt: „Er [der Abt] sei sich bewusst, dass er die Sorge für gebrechliche Menschen übernommen hat, nicht die Gewaltherrschaft über gesunde“ (Regula Benedicti/RB 27,6). Was bedeutet das für uns? Natürlich geht es uns nicht unbedingt darum, irgendjemanden das bisschen Macht spüren zu lassen, das uns aufgrund unserer Stellung zukommt. Aber wir setzen voraus, dass unser Gegenüber „gesund“ ist, das heißt belastbar, anständig, willig, wohlgesinnt usw.

Nach Benedikt soll der Leiter eines Klosters aber von vornherein davon ausgehen, dass alle diese guten Eigenschaften zunächst einmal nicht vorliegen. Keiner von uns ist überrascht, wenn jemand gut „funktioniert“, aber wir sind sauer und enttäuscht, wenn jemand sich als schwach, unzuverlässig oder in diesem oder jenem Punkt als „Fehlbesetzung“ erweist. In einem solchen Fall würde Benedikt jedem Menschen, der in irgendeiner Weise Verantwortung für andere trägt, raten, vollkommen anders zu reagieren. Ein Abt soll dem widerspenstigen oder faulen oder moralisch angeschlagenen Mitbruder mit besonderer Liebe und Aufmerksamkeit nachgehen, denn auch Jesus sah sich selbst zu den Schwachen und Kranken gesandt und nicht zu denen, die nach außen hin topfit oder linientreu erschienen. Wie viele Ehen, wie viele Familien wären nicht zerbrochen, wenn die Ehepartner ein Seminar für Menschenführung von Benedikt von Nursia besucht hätten!

Ein Kloster, das mit Strenge im Allgemeinen und mit Erbarmen und Weite im Besonderen geführt wird, könnte auch ein bemerkenswertes Modell für unsere derzeitige Schulmisere abgeben. Weil unser Schulsystem auf vergleichbaren festen Normen beruht, ist für einen Schüler, der langsamer ist oder einseitiger begabt, fast kein normales Weiterkommen möglich. Hier wäre die benediktinische Weite inklusive ihrem Herz für den Einzelnen gefragt, die den Schüler nicht nur fordert, sondern ernsthaft fördern *will*. Vielleicht käme es dann zu einer erweiterten Neuauflage des Buches von Hugo Fischer: „Die Geburt der westlichen Zivilisation aus dem Geist des romanischen Mönchtums“ (1969). Dieses Mal als Ausgabe für das 21. Jahrhundert … und hoffentlich zum Segen für viele, die heute oft als „Versager“ ins Leben starten müssen, weil es in ihrer schulischen Entwicklung weder Weite noch Erbarmen gab.

Ein bisschen Benedikt in Ihrem Alltag

- Ist es für Sie Neuland, wenn Ihnen gesagt wird, dass Gott sich Ihnen eigentlich gerne mitteilen möchte?
- Haben Sie Gott schon einmal ernsthaft darum gebeten, sich Ihnen mitzuteilen? Falls nicht: Gibt es etwas, das Sie hindern könnte, es jetzt zu tun?
- Wenn Sie das Gefühl haben, Ihr Leben sei eigentlich voll verplant und es gäbe fast keinen Spielraum mehr für den Gebrauch Ihrer Freiheit: Möchten Sie wirklich, dass sich daran etwas ändert? Wenn ja: Konnte Ihnen Benedikt einen Tipp geben, an welchem Punkt Sie ansetzen müssen?
- Eine Lebenssituation (dankbar) anzunehmen hat auch immer etwas damit zu tun, Menschen so anzunehmen, wie sie nun einmal sind. Benedikt ist davon überzeugt, dass dies mit Gottes Hilfe möglich ist und dass dadurch große zwischenmenschliche Probleme gelöst werden können. Denken Sie ähnlich? Hindert Sie an der Umsetzung vielleicht der Gedanke, dass Sie dann immer nur draufzahlen und ausgenutzt werden?
- Gibt es in Ihrem Umfeld Personen, die nicht so sind, wie Sie sie gerne hätten? Wer ist für Sie eine echte Enttäuschung? Schlüpfen Sie einmal in die Schuhe des Abtes und nähern sich dieser Person nach benediktinischem Vorbild. Wenn es Ihnen schwerfällt, sich das vorzustellen: Wäre es Ihnen dann vielleicht möglich, Gott in diesem Punkt um eine Veränderung Ihres Herzens zu bitten?

Kapitel 4

Frei werden – koste es, was es wolle

Franz von Assisi (1182–1226)

Wer mich liebt, richtet sich nach dem,
was ich ihm gesagt habe.
Auch mein Vater wird ihn lieben,
und wir beide werden zu ihm kommen
und immer bei ihm bleiben.
Johannes 14,23

Mancher Christ hat so seine Probleme mit der großen alten katholischen Kirche. Aber zwei Menschen finden tatsächlich uneingeschränkte Bewunderung, ja, Verehrung: Mutter Teresa von Kalkutta und dieser Franz von Assisi, den die meisten allein schon wegen seiner außergewöhnlichen Beziehung zu Tieren, ja, zur gesamten Schöpfung lieben. Tatsächlich ist Franziskus jemand, in dem die Liebe Gottes – ähnlich wie bei Jesus selbst – so greifbar unter den Menschen erscheint, dass noch heute alles, was mit ihm zu tun hat, Christen wie Nichtchristen aus der ganzen Welt anzieht. Ein Blick auf sein Leben wird uns allerdings zeigen: Franziskus war nicht nur der liebenswert-naive Mönch, der mit den Tieren redete und einem Wolf die Leviten las.

Bleibt die Frage: Wollen Sie den anderen Franziskus kennenlernen, vielleicht sogar das eigentliche Geheimnis seines außergewöhnlich Lebens entdecken, das bis heute nichts von seiner Bedeutung für uns verloren hat? Eine kleine Warnung vorab: Hier geht es nicht, wie man vielleicht annehmen könnte, darum, ob und wie Sie mit Ihrem Hund reden oder Ihrer Katze am Abend im Sessel etwas vorlesen. Auch nicht darum, ob Sie bei Greenpeace oder beim BUND mitmachen, was man ja zunächst mit Franziskus in Verbindung bringen könnte, nachdem man ihn zum Patron aller Umwelt- und Tierschützer ernannt hat. Nein, es geht um eine Freiheit, die man erst einmal wollen muss. Für die man Mut braucht.

Doch zunächst der Reihe nach. Franziskus, der mit bürgerlichem Namen eigentlich Giovanni Battista Bernadone heißt, wird 1182 als Sohn reicher Eltern in Assisi geboren. Zunächst einmal genießt er sein Leben als hoffnungsvoller Sprössling einer einflussreichen Familie in vollen Zügen. Wo er hinkommt, ist immer etwas los, zumal er das nötige Kleingeld hat, das bekanntlich immer viele „Freunde“ anzieht. Das ändert sich durch einen der damals nicht gerade selten stattfindenden Städtekriege; dieses Mal zwischen Assisi und der Nachbarstadt Perugia. Franziskus kämpft auf der Seite der Verlierer und wird in Kerkerhaft genommen. Als er nach einem Jahr nach Hause darf, erkrankt er schwer. Vorbei ist es mit dem lustigen Leben, und das macht dem gerade mal Zwanzigjährigen ziemlich zu schaffen. Sein bisheriges Leben scheint in unendliche Ferne gerückt. „Ist die Leere im Herzen denn alles, was für mich bleibt? Gibt es nichts Besseres, Höheres, etwas, das bleibt?“

Mit solchen Fragen beginnt sein Weg, obwohl dieser zunächst in eine völlig andere Richtung zu führen scheint. Wieder auf den Beinen, will Francesco (Franzose), wie ihn sein Vater aus Begeisterung für den französischen Lebensstil ruft, ein ruhmreicher Ritter werden. Und er wäre es vielleicht geworden, hätte Gott ihn nicht persönlich angesprochen, als er schon unterwegs ist zu seinem „großen Ziel".

Franziskus kehrt um, zunächst nach Assisi, dann aber auch mit seinem ganzen Leben. Dadurch kommt es zu einer beinharten Auseinandersetzung mit seinem Vater, der Gewalt und seine gesamte gesellschaftliche Macht einsetzt, um seinen Sohn zur Vernunft zu bringen. Schließlich kommt es während einer öffentlichen Verhandlung vor dem Bischof zu der dramatischen Szene, die man wohl immer mit Franziskus verbindet: Der „missratene Sohn" verschwindet kurz, kehrt wenig später mit seiner Kleidung auf dem Arm nackt zurück und legt sie vor den Augen des Bischofs seinem Vater vor die Füße nach dem Motto: „Das war's, lieber Vater, kein Interesse an deinem Erbe, von jetzt an habe ich nur noch einen Vater, den im Himmel." Damals ist er gerade einmal 24. Woher er den Mut nimmt nach alldem, was er bis zu diesem Tag mit seinem Vater durchgemacht hat? Es ist kein mühsam zusammengekratzter Heldenmut, sondern nach seinen eigenen Worten lässt ihn die Freude über Gott alles in Kauf nehmen. Diese Freude verschafft ihm den Freiraum, seinem Vater entgegenzutreten und den Weg einzuschlagen, den er aus Liebe zu Jesus gehen will.

Der um seine Hoffnungen betrogene Vater kämpft weiter gegen seinen Sohn, aber Franziskus lässt sich weder durch Gewalt noch durch Versprechungen seine einmal gewonnene Freiheit wieder nehmen. Er hat selbst erlebt, was Jesus seinen Gegnern anbot: „Wenn euch also der Sohn Gottes befreit, dann seid ihr wirklich frei“ (Johannes 8,36). Wen wundert es da, dass Franziskus in der Erinnerung seiner ersten Gefährten ein fröhlicher und ungemein freier Mensch war! Nachzulesen in *I Fioretti di San Francesco*, dem meistgedruckten Büchlein der italienischen Literatur. Lange Zeit hielt man diese „Blümchen“ für eine Sammlung frommer Erbauungsgeschichten; erst ab den 1970er Jahren erkannte man in ihnen eine durchaus ernst zu nehmende Quelle für das Verständnis eines Mannes, der in den zwanzig Jahren zwischen seiner Berufung in der Kapelle San Damiano und seinem Tod (1226) die damalige christliche Welt veränderte.

Seine Persönlichkeit alleine erklärt allerdings nicht die unvorstellbare Anziehungskraft der durch Franziskus ins Leben gerufenen Bewegung. Er weiß genau, wer der eigentlich Handelnde ist, und er lebt auch nach diesem Wissen. Gott selbst setzt mit der Gemeinschaft um Franziskus ein Mahnmal für die Kirche, zum Evangelium mit seiner Menschennähe und Einfachheit zurückzukehren. Den „Urheber und Vollender unseres Glaubens“ darf man nie aus dem Blick verlieren, wenn man im Leben von außerordentlichen Menschen wie Franziskus nach Anregungen sucht, wie unser Alltag mehr und mehr mit Gott zu tun haben könnte.

Metanoia. *Metanoia* ist ein wichtiges Wort im Neuen Testament und ein erster Schlüssel, will man den Weg so mancher Vorbilder im Glauben verstehen. Normalerweise wird dieses Wort mit „Buße“ übersetzt, was in uns nicht gerade wohlige Gefühle auslöst: Bußgeld fällt uns ein, dann reuige Büßer, die sich geißeln, harte, asketische Bußwerke, die man sich selbst auferlegen muss, damit die Buße auch echt ist, usw. Doch im Griechischen steht etwas ganz anderes dahinter: umdenken. Wenn es sein muss, auch um 180 Grad umdenken. Nichts, was man bisher für passend und auch irgendwie für richtig gehalten hat, einfach so stehen lassen und weitermachen wie gehabt. Auf den Glauben angewandt bedeutet dies, Jesus so kennen- und lieben lernen, dass er unser Leben hinterfragen kann. Ja, und genau das behagt uns nicht gerade. Erstens kommen wir mit unserem Leben auch so ganz gut zurecht; zweitens sind die Schwierigkeiten, die wir mit uns selbst und anderen haben, letztlich die Schuld von anderen; und drittens verträgt unser Selbstwertgefühl keine Kritik, schon gar nicht, wenn diese unsere Grundhaltungen betreffen sollte. Wir haben uns in diesem Leben ganz passabel eingerichtet, da kann uns selbst ein Papstwort nicht nervös machen: „Christus hat nicht gesagt: ‚Ich bin die Gewohnheit', sondern: ‚Ich bin die Wahrheit'. Und eine Gewohnheit mag noch so alt und vertraut sein, sie muss der Wahrheit weichen" (Gregor VII.). An so manchen Mangel haben wir uns gewöhnt und über unsere „suboptimalen" Verhaltensweisen schwindeln wir uns schon seit Langem hinweg. Und darum mögen wir es nicht, dass unser Leben hinterfragt wird.

Als man die ersten Gefährten des Franziskus fragt, wer sie denn nun eigentlich sind und was sie da leben, geben diese fröhlich zur Antwort: „Wir sind Männer der Buße und kommen aus Assisi."

Umkehr als Lebensstil? Mich selbst unablässig hinterfragen? Das ist nun wirklich keine anziehende Vorstellung.

Und vor allem: Was bringt es denn?! Wie gesagt, Umdenken braucht Mut. Denn bis wir merken, dass Gewohntes irgendwann gewöhnlich wird, und solange wir noch nicht zu dieser Freude über Gott durchgedrungen sind, hängen wir irgendwie in der Luft. Auf der einen Seite sehnt sich etwas in uns nach Veränderung und wachsender Klarheit. Auf der anderen Seite lassen uns ganz zentrale Fragen nicht los: Was geschieht, wenn wir uns ganz auf Gott einlassen? Was werden wir wohl aufgeben müssen? Schon allein die Vorstellung, auf dieses und jenes vielleicht verzichten zu müssen, macht uns Angst. Gerade die vielen schönen Dinge in der Grauzone zwischen Gut und Böse, an die wir uns so gewöhnt haben! Wie viel Überwindung verlangt uns dieser Gott ab, wo wir doch nicht einmal einer Tafel Schokolade widerstehen können? Und womöglich müssen all die angenehmen Sachen auch noch von heute auf morgen „geopfert" werden!

Es kann gut sein, dass Sie an diesem Punkt die Notbremse ziehen und sicherheitshalber aufhören weiterzulesen.

Doch bevor das Buch hier für Sie zu Ende ist, nur noch ein Satz: Wenn solche Gedanken in Ihnen aufsteigen, ist das ganz in Ordnung. Doch, Sie haben richtig gelesen, denn Sie befinden sich in bester Gesellschaft. Zwischen dem ersten zarten Impuls, die Richtung seines Lebens zu ändern, bis zu seiner reifen Entscheidung, mit Gott zusammen sein Leben zu gestalten, vergehen etwa sieben Jahre! Gott muss Franziskus zwischendurch sogar Mut machen, indem er ihm verspricht, dass alles, was er bislang für süß und angenehm gehalten hat, ihm irgendwann bitter vorkommen wird, und dass dagegen alles, was er als bitter befürchtet, wenn er sich noch mehr auf Gott einlässt, für ihn wirklich „süß" werden wird. Wenn Gott selbst uns ein Umdenken schenken möchte, dann *als Geschenk* und nicht als das Ergebnis eigener Anstrengungen mit zusammengebissenen Zähnen. Ein kostbares Geschenk – wie aus einer anderen Welt. Eine beglückende Freiheit zu allem Guten.

Als Mutter Teresa von Kalkutta von einem reichen Amerikaner bei ihrer schweren und unangenehmen Pflegearbeit beobachtet wurde, entfuhr ihm der Satz: „Nicht mal für eine Million Dollar würde ich das machen!"

Darauf entgegnete Mutter Teresa: „Ich auch nicht."

Franziskus ekelt, ja, graust es bis ins Mannesalter vor den Aussätzigen, die in elenden Behausungen außerhalb von Assisi leben müssen. Er kann sie weder anschauen noch riechen und macht daher stets einen großen Bogen um dieses Elendsviertel. Später ist er glücklich, immer wieder unter ihnen sein zu dürfen. Von einer solchen Veränderung zu erfahren begeistert uns nicht unbedingt, sondern macht uns eher zu schaffen. Bedeutet Umkehr also, dass wir jetzt Sachen tun oder in Länder gehen müssen, vor denen wir nur Widerwillen empfinden? Franziskus würde sagen: So kann nur jemand denken, der seine „Umkehr" aus eigener Kraft zustande bringen will! Umkehr ist für ihn die Hinwendung des ganzen Menschen zu seinem Gott, aus der eine große Dankbarkeit und Freude entspringt. Umkehr geschieht also immer dann, wenn ich mich für eine liebevolle Beziehung zu Jesus öffne, mir bewusst bin, wie sehr mich Tag für Tag seine Liebe und sein Erbarmen tragen. Weil es Franziskus so erlebt, ist er davon überzeugt, dass bei alldem Gott immer der Erste ist, der handelt, und wir nur mit unserem Leben antworten. Dabei ist es für ihn kein Problem, dass wir immer noch auf diesem oder jenem Gebiet Schwierigkeiten haben, schwach sind und auf die Nase fallen. Wenn Gott sich superbrave Musterschüler gewünscht hätte, gäbe es die Menschheit nicht. Nein, seine Göttlichkeit zeigt sich uns genau darin, dass seine Kraft gerade in unserer Schwachheit wirkt (2. Korinther 12,9). Unser Beitrag zu dem Ganzen kann also nur die freie Erklärung sein: „Herr, ich bin nicht so, wie du es gerne hättest. Stell mein Leben auf den Kopf, ich bin offen für ein neues Denken."

Folgende Geschichte aus unseren Tagen illustriert, welche verändernde Kraft ein solches Gebet besitzt, wenn es denn ehrlich ist und Gott die Initiative überlässt.

Eine kettenrauchende Geschäftsfrau kommt zum Glauben, und nach etlichen Monaten empfindet sie den Drang, mit Gott doch auch einmal über ihren Zigarettenkonsum zu sprechen: „Lieber Gott, wenn ich ehrlich bin, will ich eigentlich gar nicht mit dem Rauchen aufhören. Aber wenn es dich stört, dann hör du mich auf." Dieses Gebet war sprachlich nicht gerade korrekt, aber ungeheuer wirksam. Schon am nächsten Tag „vergisst" sie ihre beiden Morgenbrandopfer und so geht es bis zum Abend. Kein Verlangen. Keine Gewohnheit mehr. Am Abend immer noch zwei volle Packungen. „Was dir so süß erscheint, wird dir mit einem Mal bitter vorkommen ...!" Aus diesem Grund funktionieren im Normalfall weder gute Vorsätze noch Entziehungskuren – weil man nicht den mit ins Boot nimmt, der allein uns „umkehren" kann.

Wie beglückend diese Erfahrungen der Umkehr bei den ersten Gefährten des Franziskus gewesen sein muss, kann man nur erahnen. Darum nennt aber der „Dritte Orden" der Franziskaner seine Laienmitglieder ganz bewusst: „Brüder und Schwestern von der Buße".

Eigentlich erwartet Franziskus nichts anderes, als dass wir realistisch mit uns umgehen und selbst bei einem äußerlich intakten und vielleicht sogar erfolgreichen Leben begreifen, wie wir tief in unserem Inneren wirklich sind: „elend und armselig, undankbar und böse". Es gilt daher, sich vollkommen für „die Umkehrtat des Herrn" zu öffnen, und das ist seine Gnade, sein Erbarmen. Das ist die *Metanoia*, die einen Franziskus immer wieder weinen lässt – vor Glück! Und sie ist es auch, die uns eine Freiheit schenkt, wie man sie in der Welt einfach nicht kennt.

Wohnungsbau. Als Franziskus in der kleinen Kirche von San Damiano vor der Kreuzikone betet, vernimmt er innerlich die Aufforderung: „Geh, stell mein Haus wieder her." Franziskus sieht sich um und bemerkt mit einem Mal, dass dieses Gebäude dringend eine Renovierung benötigt. Dass Jesus ein ganz anderes Haus gemeint haben könnte, kommt ihm überhaupt nicht in den Sinn. Erst im Nachhinein erkennen wir heute, dass sein Einfluss über die Jahrhunderte hinweg tatsächlich verhindert hat, dass die Kirche ihrem geistlichen Auftrag nicht völlig untreu wurde. Er hat in diesem Sinn wirklich „sein Haus" wiederhergestellt.

Aber das Bild des Bauens verlässt Franziskus zumindest in seiner Vorstellungswelt nie. Fasziniert von der Aussage Jesu, dass er und sein Vater kommen werden, um Wohnung bei uns zu nehmen, ist es ihm ein großes Anliegen, dass jeder seiner Weggefährten versteht, wie wichtig es ist, für den Schöpfer eine angemessene „Bleibe“ zu schaffen.

Und auch damit haben wir moderne Menschen so unsere Schwierigkeiten. Zum einen klingt das alles sehr naiv. Zum anderen müssen wir uns doch allen Ernstes fragen, wie das denn gehen soll, dass Gott in jedem von uns eine Wohnung bezieht und dann auch noch bleibt. Kann ein Mensch sich das überhaupt vorstellen? Wer wagt es, wie Paulus zu sagen: „Darum lebe nicht mehr ich, sondern Christus lebt in mir“ (Galater 2,20)? Wenn wir über solche Bibelstellen stolpern, kommen wir gar nicht umhin, uns darüber Gedanken zu machen. Doch da wir instinktiv befürchten, dass solche biblischen Wahrheiten mit unserem Selbstwertgefühl und unserer Selbsteinschätzung aneinandergeraten müssen, haben wir diese klaren Aussagen Jesu als theologische *Bilder* kurzerhand abgehakt. Denn schließlich kann ja nicht sein, was so dermaßen unser Vorstellungsvermögen sprengen würde ... oder?

Ganz anders Franziskus. Er rechnet damit, dass Gott bei ihm und bei jedem seiner Brüder einziehen möchte, und darum zeigt er ihnen, wie der Ausbau und die Renovierung der inneren Wohnung aussehen könnten.

Als Erstes: Wir kennen uns selbst nicht wirklich, ja, sind oft nicht einmal bei uns selbst innerlich zu Hause. Darum liegt Franziskus viel daran, dass sich jeder von Jesus an die Hand nehmen lässt, um mit ihm zusammen alle Räume des eigenen Hauses zu durchkämmen und vorhandene Schäden sofort mit ihm zu beheben. Auch wird Jesus behutsam, aber mit Nachdruck auf all das Gerümpel hinweisen, das sich in den Zimmern angehäuft hat und an das wir uns inklusive seinem modrigen Geruch einfach gewöhnt haben. Bei vielen Fenstern sind die Läden geschlossen; weder frische Luft noch Licht strömen in das Haus. Manches erweist sich, bei Licht betrachtet, als wertloser Müll, der das gesamte Haus belastet und den Lebensraum über die Maßen begrenzt. Also raus mit all dem alten Zeug: Schuld, Verletzungen, Unvergebenes, Neid, Rachegefühle, mangelnde Liebe zu sich selbst und was es noch so an altem Plunder in den Ecken unseres Hauses gibt. Franziskus war deshalb zeit seines Lebens von der Wichtigkeit der Beichte und dem Zuspruch des Geistlichen überzeugt, dass dem, der ehrlich seine Schuld ans Kreuz bringt, dank Jesus vergeben ist. Wer dagegen in seinem eigenen Haus nicht aufräumt und die Läden vor dem Licht des Heiligen Geistes verschließt, muss sich nicht wundern, wenn sein Haus zu einem Spukschloss wird, in dem ständig irgendwelche unerwünschten Geister herumschwirren und Angst verbreiten.

Wir ahnen schon: Wenn wir mit Jesus durch unser Haus gehen und wirklich bereit sind, zwischen Dachboden (unserem Denken) und Keller (unseren unbewussten oder verdrängten Gefühlen und Erinnerungen) auf- und auszuräumen, vollzieht sich eine große Veränderung in uns: Wir fangen an, uns darauf zu freuen, immer mehr die Nähe, ja, die innere Anwesenheit Jesu (und mit ihm der Vater und der Heilige Geist) zu erfahren. Das ist nicht zu jeder Zeit so, genauso wie die Renovierung unserer Wohnung für den Gott, der unsere Nähe unendlich mehr sucht als wir selbst die seine, nicht irgendwann abgeschlossen sein wird. Geben wir uns mit dem Gedanken zufrieden, eine „Baustelle des Heiligen Geistes" zu sein. Wir spielen immer nur die „Unvollendete Symphonie" der Ehre Gottes, und irgendwie ist immer nur Generalprobe, wie Karl Rahner es einmal treffend ausdrückte.

Trotzdem ist es für unser gesamtes Leben ein unvorstellbar beglückendes Privileg, sagen zu dürfen, wenn auch zögerlich und leise: „Darum lebe nicht mehr ich, sondern Christus lebt in mir!"

Franziskus war von diesem Satz nicht bloß begeistert; er lebte dieses Wissen. Thomas von Celano – nur acht Jahre jünger als Franziskus und einer seiner ersten Biografen – beschreibt es so: „Tatsächlich kam es dem Bruder und der ganzen Schar der Begleiter vor, Christus und der selige Franziskus seien ein und dieselbe Person. – Wer es recht versteht, wird das Wort nicht für zu kühn halten; denn wer Gott anhängt, wird ein Geist mit ihm und Gott selbst wird alles in allem sein" (Thomas von Celano: „Leben und Wunder des heiligen Franziskus von Assisi", S. 219). Sind solche Gedanken in unserer doch radikal veränderten Welt noch irgendwie alltagstauglich? Man könnte die Frage aber auch anders formulieren: War es damals leichter, Jesus entschieden nachzufolgen? Oder ist unsere Zeit nicht mindestens ebenso auf Menschen angewiesen, die die Lebensart Jesu in eine oft lieblose und ungerechte Gesellschaft hineintragen? Eines scheint wohl jedem klar zu werden: Wer sich auf das Abenteuer einlässt, mit Gott zusammen in den Alltag zu gehen, für den gibt es sehr bald keinen Alltag mehr. Doch davon später mehr.

Gebet des Franziskus

Heiliger Gott, du bist der heilige Herr, alleiniger Gott,
der Wundertaten vollbringt.
Du bist der Starke, du bist der Große, du bist der Höchste.
Du bist der allmächtige König, du heiliger Vater
bist König des Himmels und der Erde.
Du bist dreifaltig und einer, Herr Gott, Allgütiger.
Du bist gut, über alles gut, lebendig und wahr.
Du bist die Liebe und der geliebten Minne Ziel.
Du bist die Weisheit, du bist die Erbarmung,
du bist die Langmut.
Du bist Sicherheit, du bist Ruhe, du bist Freude
und Glück.
Du bist Maß und Gerechtigkeit, du aller Reichtum.
Du bist die Schönheit, du bist die Milde.
Du bist Schützer, Hüter und Schirmherr.
Du bist Kraft und Erquickung zumal.
Du unsere Hoffnung, du unser Glaube,
du unsere große Wonne.
Du unser ewiges Leben, Großer, Wunderbarer, Herr,
allmächtiger Gott und barmherziger Heiland.
Dir sei Lob und Preis in alle Ewigkeit. Amen.

Ein bisschen Franz von Assisi in Ihrem Alltag

- Kennen Sie die Erfahrung der inneren Leere, wie Franziskus sie durchlitten hat?
- Konnten Sie schon einmal etwas Schwieriges tun aus der Kraft, die Ihnen die Freude über Ihren Gott gab?

- Wie denken Sie jetzt über Buße, nachdem Sie den Abschnitt „Metanoia“ gelesen haben? Haben Sie immer noch ein unangenehmes Gefühl in der Magengegend, wenn Sie darüber nachdenken? Falls ja: Was könnte der Grund dafür sein?
- Macht es Ihnen Mühe, sich vorzustellen, dass Gott selbst bei geistlichen Dingen immer derjenige ist, der zuerst handelt? Oder ist es nicht eher genial, sich vorstellen zu dürfen, dass Gott uns auf allen Wegen entgegenkommt?
- Haben Sie in sich schon eine gewisse Sehnsucht entdeckt, das eine oder andere ändern zu wollen oder besser: ändern zu lassen?
- Verbirgt sich tief im hintersten Winkel Ihres inneren Hauses vielleicht ein hartnäckiges Misstrauen: „Wenn ich diesem Gott meinen kleinen Finger reiche, reißt er mir bestimmt den ganzen Arm aus“?
- Gelingt es Ihnen, etwas von der Freiheit zu erahnen, zu der Sie eigentlich berufen sind? Wünschen Sie sich vielleicht sogar eine innere Freiheit, die Sie mutig, gelassen und unabhängig sein lässt, gerade auch in schweren Situationen? Vergessen Sie nie: Niemand möchte Ihnen mehr dazu verhelfen als der Gott, der sich um Sie sorgt, weil er Sie liebt.

Kapitel 5

Wenn Gott das Sagen hat

Nikolaus von Flüe (1417–1487)

Glücklich sind, die Frieden stiften,
denn Gott wird sie seine Kinder nennen.
Matthäus 5,9

„Du gosch ma nit in d' Ranft!" Wer zählt die gestandenen Schweizer Männer, die diesen Ausruf ihrer Frauen schon gehört haben? Kaum werden ihnen Glauben und Gebet wichtiger als der traditionelle sonntägliche Kirchgang und das Tischgebet, kommen in ihren Ehefrauen sonderbare Ängste hoch. Diese haben ihre Wurzel im Leben des Nationalheiligen der Schweiz. Denn der angesehene Bauer aus Flüeli bei Sachseln (Kanton Unterwalden) verließ seine Frau und die zehn Kinder, um als Einsiedler zu leben. Das ist bis heute für viele Menschen ein großer Stolperstein auf dem Weg, diesen außergewöhnlichen Mann überhaupt verstehen zu *wollen*. Kann das der Wille Gottes sein?! Wie ist es seiner Frau Dorothea nach so vielen glücklichen Ehejahren ergangen? Welche Last bürdete er seinen gerade mal erwachsen gewordenen Söhnen auf? Und doch wird dieser „letzte große Mystiker" des ausgehenden Mittelalters weltweit verehrt, nicht nur von Katholiken, sondern ebenso von Lutheranern, Reformierten, Calvinisten. Seine Klause im Ranft ist bis heute ein Wallfahrtsort der besonderen Art. Zwischen 100.000 und 120.000 Pilger strömen jedes Jahr in diesen malerischen Winkel der Schweiz. Sehr still, ohne großen Rummel. Was macht diesen Mann und diesen Ort so einzigartig?

Zum einen – auch wenn es ein wenig oberflächlich erscheint – ist alles noch da. Zum Beispiel sein Geburtshaus, in dem er 1417 geboren wird, also vor fast 600 Jahren. Sein Bauernhof steht ebenfalls noch, erst recht seine Klause und das Brett, auf dem Bruder Klaus damals schläft, samt seinem Kopfkissen, das nie aufgeschüttelt werden muss, denn es ist ein glatter, runder Stein.

Wichtiger als all das ist dieser Mann, der offensichtlich durch „Gesichte" geleitet wird, in ganz besonderer Weise ein Segen für die Menschen von damals zu werden. Als er 1467 dem inneren Drängen folgt und seine Frau Dorothea ihren Segen zu seinem Weggang gibt, lässt er sich nach einer längeren Pilgerfahrt im Ranft nieder, genau dort, wo er schon als 17-Jähriger in einer Vision einen Turm aufragen sah.

Wenn Gott einen Menschen auf einen außergewöhnlichen Weg schickt, dann bestätigt er diesen auch. Und diese Bestätigung kommt bald, denn es spricht sich herum, dass Bruder Klaus außer dem Abendmahl und dem Wasser aus dem nahe gelegenen Bach keine Nahrung zu sich nimmt. Das müssen selbst seine Gegner sehr schnell zugeben, die den „ganzen Schwindel" aufdecken wollen und einen Monat lang geheime Posten aufstellen, die seine heimliche Nahrungsaufnahme beweisen sollen. Auch eine bischöfliche Kommission kommt zu dem gleichen Ergebnis: Dieser Mann ist ein wandelndes

Wunder. Es erstaunt deshalb nicht, dass schon bald aus ganz Europa Menschen zu seiner Klause pilgern, die zum einen diesen begnadeten Mann sehen wollen, zum anderen aber auch Rat suchen, darunter nicht wenige, die in ihren Heimatländern politische Verantwortung tragen. Jedenfalls ist der Ansturm oft so groß, dass Bruder Klaus nur noch zu bestimmten Zeiten Pilger empfängt, um ausreichend Zeit für die Gemeinschaft mit Gott zu haben.

Mystik und Politik. Es gibt viele Gründe, warum man die Schweizer beneiden könnte, nicht nur wegen ihrer Banken, den Bergen oder der Schokolade. Was uns wirklich mit Bewunderung auf dieses Land schauen lässt, ist die Tatsache, dass es sich in der entscheidenden Phase seiner Staatsbildung unter den Rat eines Einsiedlers stellte, dessen politische Einflussnahme mit vielen Dokumenten belegt ist. Am bekanntesten ist sein Eingreifen in eine Verhandlung, bei der die Gefahr eines Bürgerkriegs zwischen den Kantonen in letzter Minute durch den Rat von Bruder Klaus abgewendet wird (Tagsatzung zu Stans, 1481).

Er ist es ebenfalls, der den Schweizern den Rat gibt, nicht in die in Europa übliche Großmannssucht zu verfallen, sondern sich mit seinen Grenzen zufriedenzugeben. Auch die sprichwörtliche Schweizer Neutralität geht auf seinen Rat zurück: „Mischt euch nicht in fremde Händel!"

Ein Einsiedler, der die meiste Zeit des Tages betet, mischt in der Politik mit! Wenn *das* nicht unser modernes Denken herausfordert, was dann? Wenn Abgesandte europäischer Fürstenhäuser ihn um Rat fragen, ist er zu ihrem Erstaunen immer sehr gut unterrichtet. Ja, damals suchen hohe Persönlichkeiten noch den Rat eines Eremiten, der nicht einmal lesen und schreiben kann. Ob das heute noch so wäre? Selbst unsere kühnsten Fantasien reichen nicht aus, um uns vorzustellen, wie unsere Welt aussähe, wenn Politiker und Wirtschaftsbosse vor ihren Entscheidungen den „Umweg" über die unendliche Weisheit Gottes nähmen. Wie viel Leid wäre Völkern erspart geblieben, wie viel Not hätten Menschen nicht erleiden müssen! Wie an Bruder Klaus deutlich wird, sind es nicht aus der „christlichen Doktrin" abgeleitete Prinzipien, die er an die Ratsuchenden weitergibt, sondern das, was er im Umgang mit Gott gelernt hat.

Was das betrifft, so haben sich heutzutage viele Christen in eines von zwei Lagern zurückgezogen: Im einen finden wir all jene, die ihren Glauben als Aufruf zu politisch-sozialem Handeln verstehen. Im anderen haben sich alle die versammelt, für die Politik ein „schmutziges Geschäft" ist und letztlich nur die persönliche oder gemeinschaftliche Frömmigkeit bei Gott zählt. Wenn man nun Bruder Klaus anschaut, dann kann sich keines der beiden Lager auf ihn berufen. Sein Gebetsleben ist so einfach und gleichzeitig so intensiv, dass Bruder Klaus jedem christlichen „Aktivisten" geradezu unheimlich vorkommen muss. Andererseits wird man aber auch nicht so leicht jemanden finden, der mehr Einfluss auf das politische Europa seiner Zeit hatte als er. Das als Eintrag in das Poesiealbum frommer Weltflucht.

Was können wir für unseren Alltag aus dieser verblüffenden Kombination lernen? Zum einen: Wenn wir wirklich versuchen, eine herzliche Beziehung zu Gott zu pflegen, werden wir auf die eine oder andere Weise für unsere Mitmenschen zum Segen. Jede Minute, die wir in ein ehrliches Herzensgebet investieren, wird Auswirkungen haben. Vor allem wird sich in gewissem Sinne unser „Gehör" verbessern, sodass wir nicht erst zu einem Eremiten pilgern müssen, um in unseren Entscheidungen eine größere Sicherheit zu bekommen. Wir müssen keine Mystiker sein, schon gar nicht Frau und Kind verlassen, um von Gott selbst Rat in den verschiedensten Lebenslagen zu erhalten. Wenn Jesus sagte, dass seine Schafe (damit sind wir gemeint ...) seine Stimme hören (Johannes 10,3), dann brauchen wir uns nur um eines zu sorgen: *sein* Schaf zu sein. Nicht ein Schaf aus einem anderen Stall (der Welt unserer eigenen Interessen, unserer eigensinnigen Vorstellungen, wie alles zu sein und zu laufen hat, usw.), sondern wirklich sein Schaf. Gott möchte, dass – laut Vaterunser – sein Wille getan wird. Wäre schon ein wenig seltsam, wenn er im Stillen hinzufügen würde: „Ich sag ihn euch aber nicht!" Also erfahren wir aus einer herzlichen Beziehung mit unserem Vater im Himmel auch, wie die richtige Entscheidung in den zahllosen kleinen und großen Fragen des Lebens aussieht, vor allem bei solchen, die einen Einfluss auf das Leben anderer Menschen haben.

Zum anderen ist es der Bezug zwischen dem Frieden ganz allgemein und dem Leiden Christi, den Bruder Klaus sieht. Aus seinem Eingreifen in die „Stanser Tagsatzung" ist ein Satz überliefert, dessen historische Überlieferung nicht hundertprozentig gesichert ist, der aber ganz dem Denken Nikolaus von der Flüe entspricht:

Friede ist allweg in Gott, denn Gott ist der Friede. Darum sollt ihr schauen, dass ihr auf Frieden stellet. Ihr sollt auch das Leiden Gottes in euren Herzen tragen, denn es ist des Menschen größter Trost. (Georg Popp: *Die Großen des Glaubens*, Stuttgart, 1985, S. 133)

Zunächst einmal scheinen hier zwei Gedanken beziehungslos nebeneinanderzustehen, aber genau darin zeigt sich eine Genialität, die nicht der Gedankenwelt eines ungebildeten Bauern entsprungen sein kann. Jeder Friede – ob in der Familie, in einem Unternehmen oder sogar in der Politik – ist kein Zustand, der sich einfach so einstellt. Wenn wirklich Frieden entstehen soll, der die Würde aller Beteiligten wahrt, dann verlangt dieser Friede ein hohes Maß an Opferbereitschaft. Positionen müssen aufgegeben, auf Vorteile muss verzichtet werden, tiefsitzende Verletzungen müssen angesprochen und in Versöhnung umgewandelt werden. Woher die Kraft zu solchen vermeintlichen „Verlustgeschäften" nehmen? Das ist der Grund, warum wir, wie Bruder Klaus es sagt, das Leiden Christi in unseren Herzen tragen sollen: Aus Liebe zu ihm lassen sich auch die größten Nachteile ertragen, die wir auf dem Weg zu einem echten Frieden in Kauf nehmen müssen. Gott tröstet die Menschen, die dem Frieden nachjagen, und nennt sie schon einmal ganz bewusst seine „Kinder" (Matthäus 5,9). Vielleicht haben das die versammelten Ratsleute in Stans auch verstanden, denn sie verzichten auf Ansprüche, bestehende Vorurteile und die Hoffnung, durch einen Krieg ein wenig mehr Ehre und Einfluss zu erlangen.

Worauf es schlussendlich ankommt. Heute kennt fast jeder Schweizer seinen Bruder Klaus und auch die zahlreichen nach ihm benannten Gemeinden weltweit wissen sicher um seine segensreiche politische Tätigkeit. Weit weniger bekannt ist, wie sehr dieser Einsiedler alles unter dem Gesichtspunkt der Ewigkeit sieht: Was hat vor Gott Bestand, was nicht? Das führt ihn ohne Umwege zu einer radikalen Bedürfnislosigkeit. Dabei denke ich noch nicht einmal an sein zwanzigjähriges „Wunderfasten", sondern vielmehr an die Zeit, in der er als wohlhabender Bauer bei seinen Landsleuten hoch angesehen ist. Immer wieder wird ihm das höchste Amt in seinem Kanton angetragen, doch er lehnt es ebenso häufig ab. Vielleicht spürt er schon damals, dass seine Berufung in eine ganz andere Richtung gehen wird. Jedenfalls hat er genügend Kontakte zu angesehenen Personen und kennt auch ihre Lebensweise.

Als Bruder Klaus in der Ranft nimmt er dann kein Blatt vor den Mund, er hält nicht mit der Wahrheit hinterm Berg, wenn er spürt, dass der Kern eines Menschen nicht mit seiner „Schale" übereinstimmt. Einem jungen Mann, der sich extra fein herausgeputzt hat, um den Eremiten zu beeindrucken, sagt er unverblümt: „Wenn das Herz und die Meinung gut ist, so ist alles gut, doch würde es dir besser stehen, wenn du die Eitelkeit fahren ließest und dich an die Einfalt unserer Kleidertracht halten würdest."

Hier begegnen wir dem Wort „Eitelkeit" – mit Sicherheit in unserer Zeit kein Ausdruck, den wir gerne hören, aber gerade deshalb vielleicht umso wichtiger. Was machen wir nicht alles aus Eitelkeit? Ich denke hier noch nicht einmal an die Damenwelt, die mehr oder weniger Wert auf ihr Äußeres legt und in unserer Gesellschaft sicher auch legen muss. Eitelkeit kann auch ganz anders aussehen. Brauchen wir wirklich dieses Auto, nur weil viele unserer Mitmenschen unseren Wert offenbar in PS messen? Oder wie war das mit dem letzten Urlaub? Vielleicht hätten wir ihn viel lieber ganz gemütlich im Bayerischen Wald verbracht, entschieden uns aber für eine Flugreise, weil wir nur mit einem exotischen Ziel bei den Kollegen in Büro oder Betrieb punkten können. Das alles würde Bruder Klaus „eitel" nennen, weil es nicht zu uns passt. Schon gar nicht, wenn man so manche unserer Anschaffungen einmal auf den Prüfstand stellt und untersucht, warum wir uns das eine oder andere leisten, ohne dass eine echte Notwendigkeit besteht.

Seine Sicht von Bedürfnislosigkeit müssen wir vor dem Hintergrund sehen, der ihn immer wieder fragen ließ, ob all das, was wir für so wichtig halten, vor Gott (und seiner Ewigkeit, die er uns anbietet) Bestand hat. Was Menschen und Medien für wichtig halten, ist in Gottes Augen oft nur leerer, aufpolierter Nonsens ohne Wert für unser Leben. Manchmal entdecken Medien aber auch etwas Echtes, und wir staunen, wie sie auf eine Nachricht wie diese reagieren: Die First Lady der USA erschien zu einem Fernsehinterview in einem hübschen Kleid. Kein Designerkostüm von Dior oder Lagerfeld, sondern eines aus der laufenden Kollektion der preiswerten Bekleidungskette H&M. Das brachte ihr eine Welle von Sympathiebekundungen ein. Dass sich „so jemand" in der Öffentlichkeit in einem schlichten Kostüm zeigt, statt sich hochgestylt zu präsentieren, das berührt irgendwie.

Vielleicht ist es wirklich so, dass tief in uns drin ein unbestechliches Organ steckt, das nach Echtem Ausschau hält und sich im Normalfall nicht von der glänzenden Schale beeindrucken lassen will. Oder, wie es Bruder Klaus ausdrücken würde: „Schau, dass deine Seele das ewige Ziel erreicht. Lass dich nicht von dem blenden, was die Welt für wichtig und großartig hält." Vielleicht ahnen wir jetzt, dass unser Alltag mit einer solchen Haltung viel ärmer an Stress und unnötigen Sorgen wäre, dafür aber reicher an Zufriedenheit und Gelassenheit. Und genau darum möchte Gott so sehr das Sagen in unserem Leben haben – um unseretwillen.

Gebet von Nikolaus von Flüe

Mein Herr und mein Gott,
nimm alles von mir,
was mich hindert zu dir.

Mein Herr und mein Gott,
gib alles mir,
was mich fördert zu dir.

Mein Herr und mein Gott,
nimm mich mir
und gib mich ganz zu eigen dir.

Ein bisschen Bruder Klaus in Ihrem Alltag

- Was empfinden Sie, wenn Sie von dem Entschluss des fünfzigjährigen Nikolaus Löwenbrugger (so sein ursprünglicher Name) lesen, seine Familie zu verlassen, um Eremit zu werden?
- Das zwanzigjährige „Fastenwunder“ von Bruder Klaus ist eine unbestrittene Tatsache. Können Sie darin eine Bestätigung seines Weges sehen?
- Auch in unserer Zeit gibt es Menschen, die aus ihrer Beziehung zu Gott heraus große gesellschaftliche Veränderungen in Gang brachten. Fällt Ihnen jemand ein?
- Haben Sie schon einmal Gott um Rat gefragt – offen für jede seiner Antworten? Haben Sie eine Antwort erhalten?
- Haben Sie sich schon einmal die Frage gestellt, ob Sie wirklich ein Schaf „aus Seiner Herde“ sind?
- Gibt es in Ihrem Leben irgendein Schlachtfeld, das schon lange auf „Frieden“ wartet?
- Mal ganz ehrlich: Was machen Sie, um andere zu beeindrucken, obwohl es gar nicht zu Ihnen passt?

Kapitel 6

Es gibt keinen Alltag

Ignatius von Loyola (1491–1556)

Und wirklich, er ist jedem von uns ja so nahe!
Durch ihn allein leben und handeln wir,
ja, ihm verdanken wir alles, was wir sind.
Apostelgeschichte 17,27–28

Es würde niemanden wundern, wenn Sie bei dem Namen Ignatius ein wenig zusammenzucken. Ist das nicht der, welcher den Jesuitenorden gegründet, die Gegenreformation angezettelt und dem Papst eine Geheimpolizei zur Verfügung gestellt hat? Hat er seinen Orden nicht wie eine Armee gedrillt, sich selbst zum General ernannt und von jedem „Kadavergehorsam" gefordert? Überall mischen diese Jesuiten mit – damals an Fürstenhöfen, heute an Universitäten, in der Medienarbeit und bei großen Forschungsprojekten. Diese Leute sind irgendwie unheimlich, schließlich wurde über keine Gemeinschaft der katholischen Kirche so viel geschrieben wie über diesen Orden: Tausende von Bücher belegen, wie tief die „jesuitische Idee" auf die Menschen einwirkte und „bis zu welcher Leidenschaftlichkeit der Empörung und des Enthusiasmus sie den menschlichen Geist emporgetrieben hat". So nachzulesen in dem großen Klassiker „Macht und Geheimnis der Jesuiten" von René Fülöp-Miller.

Ob die alte Weisheit „Wo viel Licht ist, ist auch viel Schatten" Ihnen ausreicht, um Ihre großen oder vielleicht auch nur kleinen Fragezeichen aufzulösen, können nur Sie alleine entscheiden. Aber es wäre schade, wenn das, was uns Ignatius von Loyola vermitteln kann, von einer Lawine negativer Gefühle gegenüber allem Jesuitischen begraben würde.

Wer war dieser Mann, dessen „Societas Jesu" (Gesellschaft Jesu) zeitweise fast 40.000 Mitglieder hatte? Sein Start ins Leben – beinahe möchte man sagen: wie gehabt. 1491, ein Jahr, bevor Kolumbus vom spanischen Huelva aus einen anderen Seeweg nach Indien sucht und dabei ganz nebenbei Amerika entdeckt, wird Iñigo López de Loyola im Nordosten Spaniens als Sohn einer alten Adelsfamilie geboren. Erzogen an verschiedenen adeligen Höfen, hat er vor allem Freude an Waffenübungen, und in seiner Freizeit vergnügt er sich ähnlich schrankenlos wie der junge Franziskus mit seinen Freunden in Assisi. Um seinen Hunger nach Ruhm und Anerkennung zu stillen, bietet sich ihm bald eine gute Gelegenheit: 1521 gilt es, die baskische Festung Pamplona gegen eine Übermacht der Franzosen zu verteidigen. Eine schwere Verletzung macht jedoch nicht nur eines seiner Beine um etliches kürzer, sie durchkreuzt auch alle seine hochfliegenden Pläne. Nur knapp dem Tod entronnen, wird er nach Loyola zurückgetragen, wo er sich auskuriert. Als er wieder gehen kann, ist auch sein Traum, eine von ihm umschwärmte Prinzessin zu heiraten, ausgeträumt, denn er humpelt fürchterlich. Daraufhin legt sich Ignatius in sein Krankenzimmer und lässt sich alle paar Wochen das Bein – ohne Narkose – brechen und dieses in einer Art Streckverband wieder zusammenwachsen. Das geht ein Jahr lang so (es ist doch beruhigend zu sehen, zu welchen Opfern der Mensch schon damals für seine Schönheit bereit war ...). In dieser Zeit liest er alles, was er in die Finger bekommen kann; zunächst einmal all die ergreifenden Ritterromane mit ihren herzzerreißenden Liebesgeschichten. Als es davon nichts mehr gibt, liest er auch Lebensbeschreibungen heiliger Männer und Frauen. Und da beobachtet er an sich etwas, das später sein gesamtes Vorgehen völlig bestimmen soll: Jedes Mal, wenn er die Romane liest und sie in seiner Fantasie weiterspinnt, glüht er vor Begeisterung, doch kaum hat er sie weggelegt, fühlt er in sich nur noch eine langweilige Leere ohne Feuer und Freude. Völlig anders seine innere Erfahrung, wenn er sich anhand der Heiligengeschichten oder der Bibel vorstellt, für Gott auch solche großen Taten zu vollbringen wie all diese Männer und Frauen des Glaubens. Noch Stunden nach solcher Lektüre und den ihr folgenden Gedanken „glüht er förmlich nach", ist heiter und erfüllt. Da er viel Zeit hat, beginnt er, die Regungen seiner Seele systematisch zu beobachten. Was dabei herauskommt, ist eigentlich der Schlüssel für alles, was sich daraus entwickelt: die Regeln zur Unterscheidung der Geister. Die Erkenntnis, dass der seelische Zustand letztlich geistliche Ursachen hat, gibt jedem Christen tatsächlich ein Instrument in die Hand, mit dem er sich mehr und mehr auf Gott ausrichten kann. Gerade in unserer Zeit, in der wir nicht immer klar sagen können, was gut und böse, richtig oder falsch ist, brauchen wir ein zuverlässiges inneres Instrumentarium, um uns mehr dem anzunähern, was Gott uns in der jeweiligen Situation raten würde.

Es würde dieses Kapitel sprengen, wollte man diese „Regeln“ im Einzelnen darstellen, nur so viel: Ignatius spricht von Trost und Misstrost. Er meint mit Ersterem den Zustand der Seele, wenn es in ihr hell ist, Freude über Gott und seinen Weg mit uns herrscht, aus der wiederum eine hohe Bereitschaft entspringt, sich mehr und mehr auf die Nachfolge Jesu einzulassen. Misstrost beschreibt dagegen einen Zustand, der das genaue Gegenteil ist: eine dunkle Niedergeschlagenheit und Leere, keinerlei Lust, sich groß mit etwas zu beschäftigen, das nicht unmittelbar der Befriedigung eigener Bedürfnisse dient.

Aber es gibt noch einen weiteren Aspekt aus seiner Biografie, der sehr stark alles prägt, was er später unternimmt. Nachdem er, nur noch leicht hinkend, endlich seine Krankenstube verlässt, entscheidet er sich, Jesus mit Haut und Haaren nachzufolgen. Erster Schritt: Er pilgert zum berühmten Kloster Montserrat (im Hinterland von Barcelona), legt dort in einer Art Lebensbereinigung bei einem Beichtvater sein gesamtes bisheriges Leben ab und gleich anschließend auch seine edle adelige Kleidung, die er gegen die Kutte eines Bettlers tauscht. (Der Arme bekam deswegen noch ganz schön Probleme.) Es folgen im nahe gelegenen Manresa Monate harten asketischen Lebens, das ihn einmal sogar bis an den Rand des Selbstmordes bringt. Aber auch hier wird deutlich, wie Gott sich eigentlich unser Leben mit ihm gedacht hat: Solange wir aus eigenen Kräften zu erzwingen suchen, was er uns schenken möchte, werden wir uns bis zur Erschöpfung verausgaben und trotzdem kaum etwas erreichen. Gott schenkt Iñigo schließlich einfach das, wonach dieser verzweifelt sucht, und das bei einer Rast oberhalb eines kleinen Flusses unweit von Manresa. Während Iñigo einfach still dasitzt und auf das Flüsschen Cardoner hinabblickt, wird sein Geist in einer Weise berührt, die sein Leben und Denken von einem Moment auf den anderen völlig auf den Kopf stellt. Für viele Jesuiten, die in der charismatischen Erneuerung etwas Ähnliches erleben, ist mit einem Mal klar: Ihr Ordensgründer hat in Manresa die Geisttaufe erfahren. An diesem Tag tauscht Iñigo noch einmal: dieses Mal das asketische, weltabgewandte Leben gegen ein außerordentlich fruchtbares Apostolat. Sein Ziel, Menschen mit Jesus bekannt zu machen und ihnen zu helfen, ihm nachzufolgen, veranlasst ihn dazu, eine völlig neuartige, intensive Form von Glaubenskursen anzubieten: die dreißigtägigen Exerzitien. Das Wort „Exerzitien" wird verschieden gebraucht; meistens wird es im Sinn von „Übungen" verstanden, doch das trifft ihre eigentliche Bedeutung nicht wirklich. Im weitesten Sinn bedeutet „Exerzitien" eine Unterbrechung des Alltags, um sich dem Leben mit Gott zu widmen. Das heißt in der Urform der ignatianischen Exerzitien: dreißig Tage schweigen und anhand der Heiligen Schrift im Gebet lernen, mit Jesus Gemeinschaft zu haben. Irgendwann sollte dann in dieser Zeit auch das mit jedem geschehen, was Ignatius (der sich erst seit seinem Studium in Paris so nennt) in Manresa selbst erfahren hat. Weit über tausend Männer werden zu seinen Lebzeiten allein über diesen geistlichen Weg zu brennenden Zeugen für Jesus und bereit, für ihn bis an die Grenzen der Erde zu gehen. Als „inneren Kompass" gibt Ignatius ihnen vor allem die praktische Erfahrung mit der Unterscheidung der Geister mit auf den Weg.

Seit der Anerkennung des Ordens, der zur damaligen Zeit eigentlich in kein gängiges Schema passt, hat Ignatius alle Hände voll zu tun, die rasch wachsende Gemeinschaft zu leiten und zu unterweisen. So sind von ihm (und seinem Sekretär Polanco) über 7.000 Briefe erhalten (darunter viele ebenso einfühlsame wie respektvoll abgefasste Briefe an Frauen seiner Zeit) sowie unzählige Abhandlungen, vor allem als Hilfe für die „rechte Seelenführung". Als er am frühen Morgen des 31. Juli 1556 alleine stirbt, hinterlässt er mit seiner Gemeinschaft eine hochmotivierte, gut ausgebildete Schar, die eine erste Antwort des Christentums katholischer Prägung auf die Anforderungen der Neuzeit darstellt, deren Wehen schon zu spüren sind.

Dienen. Für Ignatius ist es selbstverständlich, dass ein Nachfolger Jesu dem Vorbild seines Herrn nacheifern wird. Und dieser ist nicht gekommen, um sich bedienen zu lassen, sondern um zu dienen. Ignatius verpflichtet seine Mitbrüder, die überall in Europa als Dozenten oder Professoren arbeiten, wenigstens einen Tag in der Woche im Siechenhaus der jeweiligen Stadt niederste Arbeiten zu verrichten. Selbst in unserer Zeit wird man in vielen Kollegien der Jesuiten sehen, wie Professoren selbst im fortgeschrittenen Alter bei Tisch den oft wesentlich jüngeren Mitbrüdern dienen. Nicht in frommer aufgesetzter Demut, sondern als ganz selbstverständlichen Lebensstil. Ein Novizenmeister, der für die geistliche Ausbildung des Ordensnachwuchses verantwortlich war, sagte einmal zu seinen verdutzten jungen Zuhörern: „Wenn ein Jesuit sich zu schade ist, die Kloschüssel nach Gebrauch zu reinigen, gehört er lieber heute als morgen entlassen …!"

Diese „Alltagsspiritualität“ würde man nicht so ohne Weiteres bei einem Orden vermuten, den viele immer noch für die „gefährlichste“ Stütze vatikanischer Machtpolitik halten.

Aber genau dieser Alltagsbezug ist die Nagelprobe für die Echtheit einer Beziehung zu Gott. Von Gott zu schwärmen ist nicht schwer, auch in angenehmen geistlichen Klängen zu versinken nicht unbedingt ein Zeichen dafür, dass man verstanden hat, was Nachfolge Jesu bedeutet. Die Art und Weise, wie sich Spiritualität ausdrückt, kann völlig verschieden sein: laut, leise, verrückt, versunken, verliebt oder leidvoll. Aber immer ist sie echt, wenn sie sich im ganz normalen Dienen – ob in Familie, am Arbeitsplatz oder in der Gemeinde – beweist. Der katholische Religionsphilosoph und Theologe Romano Guardini hat es einmal so formuliert: „Ob einer ernst macht, sieht man nicht an den großen Entschlüssen, sondern an der kleinen Arbeit, tagaus, tagein.“

Gott finden in allen Dingen. Damit uns die Augen unseres Herzens für diese zunächst sehr ernüchternde Dimension unserer Nachfolge im Alltag geöffnet werden, versucht Ignatius immer wieder, sein eigenes „Lebensideal“ an seine Gemeinschaft weiterzugeben. Wenn wir „in Gott sind, in ihm leben und uns bewegen“, dann ist letztlich für einen Christen die unselige Trennung zwischen Profanem und Sakralem, Innerweltlichem und Heiligem aufgehoben. Ignatius ist überzeugt: Wenn uns erst einmal der Heilige Geist die Augen geöffnet hat, dann entdecken wir Gott in allem, was uns begegnet, in der Natur ebenso wie in der Technik, die große Bereiche unseres Lebens bestimmt; wenn jemand forscht, ist er beglückt bei dem Gedanken, wer hinter all diesen Phänomenen steckt; wenn einer erzieht oder für andere Menschen irgendwie verantwortlich ist, begegnet er jedem Einzelnen in einer Haltung des Respekts vor dessen Einmaligkeit und gottgeschenkten Würde. Wer verstanden hat, dass Gott sich in allen Dingen finden lässt, wird mit einer anderen Wachheit in den Tag gehen, immer darauf gefasst, ihn (Gott) irgendwie, irgendwo zu entdecken. Darum gibt es für Ignatius und eigentlich für uns alle nicht wirklich das, was wir Alltag nennen. Es sei denn, für uns wären Begegnungen mit Jesus etwas Alltägliches ...

„Contemplativus in actione". Noch deutlicher, nur vom Menschen her gesehen, ist die Antwort von Ignatius auf die Frage, wie man im alltäglichen Getriebe auch noch den Kopf frei haben kann für Gottes Anwesenheit. Ignatius sagt erstens, *dass* es möglich ist, und zweitens, dass dies im Grunde das Ziel jedes Christen sein sollte: ein *contemplativus in actione* zu werden. Einfach ausgedrückt könnte man diesen Begriff folgendermaßen übersetzen: Ein Christ ist jemand, der innerlich nicht den Blick von Jesus wendet, während er äußerlich „voll bei der Arbeit" ist. Hier geht es, wie gesagt, um ein Ziel und nicht um einen Zustand, der innerhalb von ein paar Wochen erreicht werden könnte. Aber es ist tatsächlich ein Schlüssel zu einem außergewöhnlichen Leben, egal, welches Alter, welcher Stand oder welcher Beruf jemanden gerade zu bestimmen scheint. In der unzerstörbaren Sicherheit zu leben, dass Jesus uns näher ist, als wir es uns je selbst sein können, und mit einer solchen Perspektive in den Tag gehen – das verändert uns. Sogar unseren Fahrstil oder unseren Umgangston mit Untergebenen (Kinder ebenso wie Bedienungspersonal), selbst unsere Einstellung uns selbst gegenüber.

Diese Welt- oder sollten wir besser sagen „Alltagszugewandtheit" war nie unumstritten und bringt Ignatius selbst zu Lebzeiten mehrmals mit der Inquisition in Berührung. Zu neu, geradezu ketzerisch erscheint so manchem frommen Zeitgenossen seine Hinwendung zu allem, was menschliches Leben ausmacht: Für die „größere Ehre Gottes" soll jeder sein Bestes geben, egal, ob in Wissenschaft, Musik, Theater oder Erziehung.

Und die gleiche Liebe zum konkreten Leben veranlasst Ignatius dazu, sich um die Menschen zu sorgen, die auf die Schattenseite des Lebens geraten sind. Ignatius gründet Armenhäuser, Häuser für familienlose Kinder, ehemalige Prostituierte oder „gefährdete Mädchen". Neben der Weltmission, die ihm so wichtig wird, dass die „Gesellschaft Jesu" zum größten Missionsorden heranwächst, sollen sich seine „Gefährten" in das Leben dieser Welt „hineinmengen" lassen, weil Ignatius Jesus so verstanden hat. Salz in einer verschlossenen Dose bringt genauso wenig wie ein Sauerteig, der nicht unter den großen Batzen Teig gemischt werden will. Wen wundert es bei all diesem Engagement, dass der eine oder andere dabei schlichtweg untergeht, die Vision seines Gründers verliert und der Versuchung erliegt, selbst machtvoll Einfluss nehmen zu können.

Wenn wir uns auf den Weg machen, Menschen zu werden, die Gott in ihrem Alltag suchen, dann sollten wir uns von Ignatius eine weitere Anregung holen. Schon damals können – auch ohne Handy – Tage recht hektisch verlaufen, darum baut Ignatius für seine Gefährten zwei Stopps in den Tagesablauf ein. Sowohl mittags als auch abends (immer dann, wenn in ganz Europa damals die Glocken läuten) soll jeder Jesuit sich ein paar Minuten Zeit nehmen, um sich wieder der Gegenwart Gottes bewusst zu werden und gleichzeitig Rückschau zu halten und zu sehen, wie der jeweilige Tagesabschnitt verlaufen ist. Solche Minuten sind wie dicke Holzpflöcke im Treibsand eines Tages ... schwer einzuhalten, aber ungemein wertvoll für den, der sich einmal daran gewöhnt hat.

Bleibt noch ein Letztes zu klären: Wie ist das mit der militärischen Struktur der Jesuiten? Warum lässt sich der Obere dieses Ordens „General" nennen? Auch wenn Ignatius sich bewusst ist, dass wir nicht auf neutralem Boden friedlich vor uns hin dösen können, weil wir laut Neuem Testament in einem Kampf stehen, den Jesus zu unserem Glück schon gewonnen hat; auch wenn er seine Männer herausfordert, doch bitte daran zu denken, was Soldaten in einem gewöhnlichen Kampf auszuhalten haben, und dass es normal ist, wenn sie ihr Leben opfern, so ist der Jesuitenorden doch alles andere als eine militante Truppe. Im Orden selbst gilt jedenfalls der Spruch: Ein Jesuit ist am Anfang ein Herdentier, das man aber mit fortschreitendem Alter nur noch als Einzelexemplar antrifft. Und der „General" ist nur die verkürzte Form des lateinischen *pater generalis*, des „Allgemeinen (für alle zuständigen) Vaters". Das nur, damit es vielleicht ein wenig leichter fällt, das, was uns Ignatius auch heute noch sagen kann, für den eigenen Alltag anzunehmen.

Gebet des Ignatius von Loyola

Nimm hin, o Herr, meine ganze Freiheit.
Nimm an mein Gedächtnis, meinen Verstand,
meinen ganzen Willen.
Was ich habe und besitze, hast du mir geschenkt.
Ich stelle es dir wieder ganz und gar zurück
und übergebe alles dir, dass du es lenkest
nach deinem Willen.
Nur deine Liebe schenke mir mit deiner Gnade
und ich bin reich genug und suche nichts weiter.

Ein bisschen Ignatius in Ihrem Alltag

- Wie geht es Ihnen nach diesem Kapitel mit dem „Jesuitischen“? Tragen Sie noch immer ein dickes „Aber“ im Herzen oder erahnen Sie vielleicht schon etwas von der Faszination dieser Spiritualität?
- Haben Sie bereits eigene Erfahrungen mit der „Unterscheidung der Geister“ gemacht (also der kritischen Differenzierung von Gedanken, Gefühlsregungen oder Prophetien im Hinblick auf die Frage, inwieweit sie von Gott stammen oder nicht)? Es lohnt sich sehr, diesen einmal nachzuspüren.
- Haben Sie schon einmal Ihren Alltag „unterbrechen“ lassen, um die Beziehung zu Gott zu vertiefen? Hat es Sie weitergebracht?
- Wie geht es Ihnen mit der engen Verknüpfung von lebendiger Spiritualität und dem alltäglichen Leben mit all seinen Anforderungen?

- Wenn sich Gott in allem finden lassen möchte, welche Veränderungen würde ein Ernstnehmen dieser Tatsache in Ihrem Leben bewirken?
- Vielleicht scheint es Ihnen unmöglich, ein *contemplativus in actione* zu werden. Hätten Sie trotzdem den Wunsch, es wenigstens zu probieren? Etwa beim Autofahren damit anzufangen?

Kapitel 7

Das große „Basta“

Teresa von Ávila (1515–1582)

Ihr aber seid meine Freunde;
denn ich habe euch alles anvertraut,
was ich vom Vater gehört habe.
Johannes 15,15 b

„Ich bin ein Weib – und obendrein kein gutes.“ In diesem oft zitierten Satz einer außergewöhnlichen Frau kommen drei Aspekte zusammen, von denen man sagen könnte, dass sie für ihr Leben bezeichnend sind. Zunächst einmal steckt in dieser entwaffnenden Offenheit auch so etwas wie eine humorvolle Distanz zu sich selbst. Aus ihrer engen Beziehung zu Gott schöpft Teresa einen befreienden Humor, selbst im Umgang mit der spanischen Inquisition, die ihr mehr als einmal das Leben schwerzumachen versucht.

Obwohl es besonders in den dunklen Zeiten der katholischen Kirche mutige Frauen gibt, die ganz entscheidenden Einfluss auf den Kurs der Kirche nehmen, wie Hildegard von Bingen, Birgitta von Schweden oder Caterina von Siena, müssen wir uns vor Augen halten, wie schwer es damals grundsätzlich Frauen in einer vollständig von Männern bestimmten Kirche haben. Auch Teresa ist sich daher bewusst, dass ihre eigenen spirituellen

Erfahrungen jemandem sehr schnell als nicht mehr normal und damit ketzerisch vorkommen können. In einem solchen Klima nicht als die große Mystikerin, sondern als ganz gewöhnliche, nicht einmal besonders gute Frau aufzutreten, erspart ihr vieles, wenn auch nicht alles.

Innerster Grund für diese Aussage ist allerdings drittens die klare Überzeugung, dass ein Leben auf einem soliden Fundament aufgebaut werden sollte, und das ist die Demut. Eine Haltung, die Teresa bei Jesus sieht und von der sie nicht nur theoretisch weiß, dass ohne sie jedes Lebensgebäude in eine gefährliche Schieflage gerät. Aber Vorsicht: Dieser Satz deutet nur ein sehr zentrales Thema in ihrem Leben an, hat aber ihrer Meinung nach wenig mit echter Demut zu tun. Doch davon später mehr.

Zuerst einmal ein kurzer Blick in ihr Leben. Teresa Sánchez de Cepeda y Ahumada kommt 1515 als Tochter einer altkastilischen Adligen und dem Sohn eines „Conversos"* zur Welt. Aus den Prozessakten der Jahre 1519 bis 1523, die erst 1986 veröffentlicht werden, geht klar hervor, dass ihr Vater damals eigentlich immer noch als Sohn eines „ehemaligen Juden" unter Verdacht steht und unter Diskriminierung zu leiden hat und über viele Jahre hinweg um seine Anerkennung als Adliger kämpfen muss. Nur diese kann ihn und seine Familie vor Schlimmerem bewahren.

Drei Jahre nach dem Tod ihrer Mutter wird sie mit 16 in ein Internat der Augustinerinnen gesteckt, das sie jedoch schnell wieder verlässt, weil sie krank wird. Wenige Jahre danach tritt sie selbst – gegen den Willen ihres Vaters –

* Nach der Vertreibung der Juden aus Spanien 1492 zum Christentum zwangsbekehrter Jude.

in eine Art Frauenkonvent in Ávila ein. Dort legt sie nach zwei Jahren ihre ewigen Gelübde ab – und wird wieder krank. Aufgrund unseres heutigen Wissens drängt sich die Vermutung auf, Teresa könne so sensibel gewesen sein, dass es immer wieder zu psychosomatischen Erkrankungen kommt. Jedenfalls durchziehen Krankheiten ihr gesamtes Leben – und hindern sie doch nicht daran, eine geradezu unglaubliche Aktivität zu entfalten.

Doch bevor sie beginnt, die geistliche Landschaft nicht nur Spaniens zu verändern, ringt sie volle 18 Jahre lang um ein Leben, von dem sie annimmt, dass Gott es so von ihr erwartet. Erst eine regelrechte (die sogenannte zweite) Bekehrung lässt sie erkennen, dass Gott mit ihr so zusammenarbeiten möchte, wie sie ist, und nicht wie sie denkt, dass sie sein müsse. Das war 1554 und erst diese „Umkehr ihres Denkens" setzt sie für ihr Lebenswerk frei. Bis zu ihrem Tod im Jahre 1582 gründet Teresa fünfzehn Reformklöster, ganz zu schweigen von ihrem Einfluss auf Männer wie Johannes vom Kreuz, durch den mehrere Reformklöster für Männer inspiriert werden (bis heute gibt es die „Unbeschuhten Karmeliten").

Sie verfasst unzählige Briefe und einige Bücher, die zum Besten gehören, was je zu seelisch-geistlichen Themen geschrieben wurde. Darum stellt die katholische Kirche sie auch 1970 auf eine Ebene mit Augustinus und erhebt sie als erste Frau in den Rang eines „Kirchenlehrers". Schon zu ihren Lebzeiten sucht und verehrt man sie als eine von Gott begnadete „Begleiterin von Menschen auf ihrem Lebensweg". Und da auch wir auf unserem Lebensweg sind, wollen wir uns ein Stück von ihr begleiten lassen.

Seelenspagat. Kann jemand wie Teresa sich eigentlich vorstellen, wie es heutzutage einem „normalen" Christen geht? Jemandem, der nicht in der abgeschiedenen Welt eines beschaulichen Klosters durch die Wandelgänge frommer Versenkung schwebt? Nein, diese Vorstellung vom Leben einer Nonne ist ein Klischee *made in Hollywood*. Gerade in einer so klar umrissenen Welt wie der eines Klosters können die Herausforderungen an den Einzelnen – vor allem auch hinsichtlich seines geistlichen Lebens – manchmal kaum zu ertragen sein. Im 8. Kapitel ihrer Autobiografie schildert Teresa diesen K(r)ampf:

Fest an die starke Säule des Gebets geklammert, fiel ich auf diesem stürmischen Meer des Lebens fast zwanzig Jahre lang von Wellental zu Wellental; und wenn ich mich erhob, so nur, um neu zu fallen. Mein Leben war aller Vollkommenheit fern (...). Ich kann wohl sagen, dass es das unerfreulichste Leben war, das man sich vorstellen kann. Denn weder Gott noch die Welt machten mich glücklich. Mitten im weltlichen Vergnügen fiel mir ein, was ich Gott schuldete, und das machte mich traurig; war ich innerlich bei Gott, so ließen mich die weltlichen Neigungen nicht in Ruhe. Ich weiß nicht, wie ich einen derart mühsamen Kampf länger als einen Monat, ja, sogar viele Jahre aushalten konnte.

Kommt uns das nicht irgendwie bekannt vor? Und so etwas schreibt eine Nonne vor über vierhundert Jahren?! Vielleicht müssen wir mit dem Prediger (1,9) seufzen: „Es gibt nichts Neues unter der Sonne!" Aber dank ihrer schonungslosen Ehrlichkeit finden wir genau hier einen

Ausweg aus unserem eigenen Seelenspagat. Was führt Teresa aus diesem 18 Jahre währenden Krieg mit sich selbst heraus?

Teresa erkennt, dass Gott sie so liebt, *wie sie ist*. Und endlich kann sie sich auch selbst so annehmen, wie sie ist. Für manche Menschen ist dies das Schwierigste, was sie akzeptieren müssen, und gleichzeitig das, was buchstäblich ihre Erlösung bedeuten würde. Nur zu dumm, dass Teresa uns unverblümt mit dem Grund konfrontiert, warum es uns so furchtbar schwerfällt, uns von Gott angenommen und geliebt zu wissen, so wie wir sind: In uns steckt, ganz tief drin, der religiöse Selbstbehauptungstrieb, der sich letztlich nichts schenken lassen will. Er will sich selbst verdienen, was ihm das Heil bringen soll. In der Bibel gibt es für diesen schier unausrottbaren Trieb einen Begriff: Stolz. Und dem setzt Teresa etwas entgegen:

Demut. Die echte Demut, nicht die, auf die ich im hintersten Winkel meines Herzens insgeheim auch noch stolz bin. Wenn ich erkenne, dass hinter meiner netten Fassade eigentlich nicht viel vorhanden ist, das vor Gott Bestand hat, kann ich mich entweder wie ein Trauerkloß auf diese ernüchternde Feststellung setzen und wie gelähmt darauf sitzen bleiben. Oder ich begreife mit einem Mal, was Demut wirklich ist, und akzeptiere um der Liebe Gottes willen diese ungeschminkte Tatsache so, dass sie nicht einmal mehr in meinem Denken und Reden vorkommt. Teresa selbst hat den eingangs erwähnten Satz – sie sei kein gutes Weib – als einen Mangel an Demut entlarvt. Der Seufzer „Ach, ich bin ja so schlecht" ist für sie ein Ausdruck des Stolzes, nur eben in anderer Verpackung. Auch wenn eine ihrer Nonnen zu viel Augenmerk auf ihren geistlichen Zustand richtet und darauf, ob ihr Gebetsleben gerade „erfüllend" oder „trocken" sei, hat sie so ihre Anfragen: „O Demut, Demut! Ich kann der Versuchung nicht widerstehen zu glauben, dass, wer zu viel mit seinen ‚Trockenheiten' Eindruck machen will, damit einen Mangel an Demut beweist" (*Die innere Burg*, 3.1,6.).

Echte Demut ist also, die Liebe Gottes so anzunehmen, dass sie auch noch den umschließt, der meint, es am wenigsten verdient zu haben. Nun könnte man, oberflächlich betrachtet, diese tiefe Erkenntnis Teresas so missverstehen, dass man alles beim Alten belassen könnte und somit auch keine Veränderung des Charakters und des Verhaltens mehr notwendig sei. So logisch diese Folgerung auch erscheinen mag, sie entspricht nicht dem Schluss, den diese große Frau aus der unverdienten Liebe gezogen hat. In Deutschland ist es wenige Jahrzehnte zuvor ein Augustinermönch namens Luther, der das unverdiente Geschenk der Erlösung „wiederentdeckt" und diese Gnade für die Kraft hält, die menschliches Leben verändern kann. Ähnlich „reformatorisch" denkt auch Teresa: Je mehr sich jemand ernsthaft auf die Liebe Gottes (= Gnade) einlässt, desto mehr wird er verändert. Lassen wir sie noch einmal selbst zu Wort kommen:

Ich dachte einmal darüber nach, warum wohl unser Herr die Demut so liebe. Da kam mir – ganz plötzlich und ungewollt – dieser Gedanke: Gott ist die höchste Wahrheit,

und Demut ist Wandeln in der Wahrheit. Denn es bedeutet viel, zu erkennen, dass wir aus uns selbst nichts Gutes haben, sondern Elend und Nichts sind. Und wer das nicht versteht, wandelt in der Unwahrheit. Je mehr es aber jemand versteht, umso besser weiß er, der höchsten Wahrheit zu entsprechen, denn er bewegt sich ja in ihr. (*Die innere Burg,* 6.10,8)

Die innerste Kraft der Reformation ist die Erfahrung Luthers, dass er sich das Angenommensein bei Gott nicht verdienen muss. Dieses Glück verändert ihn und die vielen nach ihm und lässt sie zu echten Nachfolgern Christi werden. Und dieses Glück hat etwas mit der Ehrlichkeit zu tun, mit der ich vor Gott der sein darf, der ich bin. Denn den Demütigen schenkt er seine Gnade, die Stolzen müssen alles selbst machen.

Freundschaft. Man braucht sich nur ein wenig mit Teresa zu beschäftigen, um sehr schnell den Eindruck zu bekommen, sie sei nur aus einem Grund auf dieser Erde gewesen: um eine ganz besondere Botschaft an die gesamte Christenheit weiterzugeben. Selbst die meistgelesenen Autoren geistlicher Literatur unserer Tage können bestenfalls nur das bestätigen, was diese spanische Nonne für sich und ihre Schwestern entdeckt. Immer auf der Suche nach einer alltagstauglichen Spiritualität wird ihr mit einem Mal klar, was das von mystischem Nebel umgebene „innere Gebet“ in Wirklichkeit ist. An dieser Stelle brauchen wir noch einmal den Originalton (Autobiographie, 37,6):

O du mein Herr und Gott! Wir stehen ja schon fassungslos vor deiner majestätischen Herrlichkeit, aber noch viel fassungsloser macht uns deine Demut, mein Herr, und die Liebe, mit der du jemandem wie mir begegnest. Man kann sich mit dir einfach über alles unterhalten.

Das im spanischen Original verwendete Wort meint wirklich „unterhalten", so wie man sich mit einer guten Bekannten oder einem Freund unterhält. Das Staunen über diese Nähe zu Gott, die uns jetzt schon möglich ist, verlässt Teresa nie mehr. Bis ins Innerste nimmt sie die Worte Jesu in sich auf, dass er uns nicht mehr Knechte (einer „Religion") nennt, sondern Freunde. Und tatsächlich unterhält sie sich mit Jesus über alles. Wir stehen vielleicht ein wenig ungläubig davor und wünschen uns auch eine solche Beziehung, wie sie Teresa zu Jesus hatte. Wir denken insgeheim: *Das ist halt nur etwas für besondere Menschen, so für Mystiker und Leute, die im Kloster leben und ein beschauliches Leben führen!* Klingt einleuchtend, ist aber trotzdem in jeder Hinsicht falsch. Ganz einfach allein schon deshalb, weil sich unser Gott, wie er sich uns in Jesus geoffenbart hat, genau diese Nähe, genau diese „Unterhaltung" wünscht. Und zweitens sitzt Teresa die wenigste Zeit schön meditierend in ihrer Klosterzelle. Sie ist für die damaligen Verhältnisse unglaublich viel und oft unter großen Strapazen unterwegs.

Hierzu eine kleine Episode aus ihrem Leben, die zeigt, unter welchen Umständen sie manchmal ihr inneres Gebet „pflegt".

Teresa ist wieder einmal unterwegs. Es gießt in Strömen, der Pferdekarren bleibt im Schlamm stecken, und sie muss aussteigen und sich mit aller Kraft patschnass und verdreckt in die Speichen stemmen, um das Fahrzeug wieder flottzumachen.

Sie ist ungehalten und beklagt sich bei ihrem Herrn: „Herr, muss das denn sein?!“

Darauf er in ihrem Inneren: „Ja, manchmal mute ich meinen Freunden auch so etwas zu.“

Sie darauf, immer noch sauer: „Darum hast du auch so wenige …!“

Das ist inneres Gebet, das ist Freundschaft, das ist eine, in allen – alltäglichen – Situationen hochbelastbare Beziehung. Auch wenn wir nur mit Worten aus unserer Vorstellungswelt Aussagen über Gott machen können – es sieht ganz so aus, als würde auch Gott solche „Unterhaltungen“ genießen. Ein Musterbeispiel aus dem Alten Testament ist die hinreißend geschilderte Verhandlung von Abraham mit Gott (1. Mose 18,23 ff.) über die Schonung zweier Städte. Aber auch im Leben Jesu findet sich ein Beispiel einer „Unterhaltung“ mit einer Frau, die nun wirklich nicht auf das vorbereitet war, was durch diese Unterhaltung mit ihrem Leben geschehen würde (Johannes 4,6 ff.). Nichts anderes erwartet Teresa von ihren Schwestern: aus einer Beziehung zu Jesus verändert zu werden. Wer sich mit ihm auch während des Tages wie mit einem richtig guten Freund unterhält, wird dadurch verändert. Keine noch so strengen Regeln und keine harten Bußwerke können das erreichen, was die Hingabe an diesen Freund möglich macht. Denn in einer solchen Beziehung wird immer deutlicher hervortreten, wer der eigentlich Handelnde ist.

Wer darin beharrlich ist, der wird die Barmherzigkeit Gottes erfahren, der jede Freundschaft erwidert. Denn das innere Gebet ist, so meine ich, nichts anderes als Umgang und vertraute Zwiesprache mit dem Freunde, von dem wir wissen, dass er uns liebt. (Autobiografie, 8,5)

Ich möchte, dass ihr nur dieses eine begreift: Es geht auf diesem geistlichen Wege nicht darum, viel zu denken, sondern viel zu lieben. Was am meisten Liebe in euch weckt, das tut. (*Die innere Burg*, 4.1,7)

Das Ziel. Die gewinnende Art, der Mut und die große Weisheit, mit der Teresa in einer schwierigen gesellschaftlichen, ja, sogar höchst angespannten kirchenpolitischen Situation Schritt für Schritt ihren einmal erkannten Auftrag verfolgt, verlangt rein von außen betrachtet jedem, der sich mit dieser Frau beschäftigt, höchste Bewunderung ab. Doch sie nur als historische Persönlichkeit wahrzunehmen, würde ihr ganz sicher nicht gefallen. Sie würde sich wünschen, dass jeder Christ im Alltag in einer innigen Verbindung mit seinem himmlischen Freund lebt. Karl Rahner, einer der einflussreichsten Theologen des vergangenen Jahrhunderts, hat einmal geschrieben: „Der ‚Fromme' von morgen wird ein ‚Mystiker' sein, einer der etwas ‚erfahren' hat, oder er wird nicht mehr sein." Diesen Satz könnte auch eine Teresa formuliert haben, damals nicht minder prophetisch als heute im Blick auf den erfahrungsorientierten postmodernen Menschen.

Teresa weiß aus eigener Erfahrung nur zu gut, aus welchem Holz wir geschnitzt sind (und damit ist nicht nur unser Kopf gemeint). Sie weiß auch, dass sich unsere alltäglichen, gewöhnlichen Tätigkeiten und Denkweisen wie eine Löschdecke auf jedes Aufflackern einer, nennen wir es ruhig einmal feurigen Liebe zu Gott legen. Darum gilt ihr ganzes Bemühen dem einen Ziel: Gottes Liebe zu den Menschen ihren Zuhörern und – bis auf den heutigen Tag – ihren Lesern so deutlich vor Augen zu malen, dass in ihnen die Sehnsucht nach einer lebendigen Beziehung zu Gott wächst. Eines ihrer schönsten und wohl auch bekanntesten Gedichte möchte mitten im Stress des Alltags in uns genau diese Sehnsucht wecken: *Nada te turbe …*

Nichts soll dich ängstigen,
nichts dich erschrecken!
Alles vergeht:
Gott, er bleibt derselbe.
Geduld erreicht alles.
Wer Gott besitzt,
dem wird nichts fehlen:
Gott allein ist genug.

Sólo Dios basta – Gott allein genügt. Wenn wir wirklich mit Gott, dem Schöpfer des Himmels und der Erde, in einer herzlichen, ja, sogar freundschaftlichen Beziehung leben dürfen, was kann uns dann noch verrückt machen?! Was uns noch in irgendwelche Existenzängste treiben?! Warum suchen wir bei Menschen oder Dingen Erfüllung, wenn er erwiesenermaßen wirklich genug ist?! Wenn wir ehrlich sind, müsste es uns eigentlich begeistern, dass dieses „Basta" nicht nur für eine außergewöhnliche spanische Nonne am Beginn der Neuzeit wichtig war, sondern gerade auch für uns gelten kann.

Vielleicht schenkt uns Gott so viel Mut und Liebe, dass wir eines Tages auch ein solches „Basta" sagen und damit einen Schlussstrich unter unsere zahllosen Fragen und Probleme ziehen können.

Ein bisschen mehr Teresa von Ávila in Ihrem Alltag

- Was denken Sie darüber, dass die meisten Menschen Demut eher für ein Zeichen von Schwäche halten? Was ist sie für Sie?
- Haben Sie auch eine feste Vorstellung davon, wie Sie sein müssten, damit Gott endlich einmal mit Ihnen zufrieden ist?
- Kennen Sie die ungeliebte Turnübung des „Seelenspagats", diese Zerrissenheit zwischen dem Leben „in der Welt" und den mageren geistlichen Zeiten mit Gott?
- Können Sie für sich festmachen, dass Sie gelernt haben, sich selbst anzunehmen, weil Gott Sie in seinem Sohn bedingungslos angenommen hat?
- Inneres Gebet als freundschaftliches Gespräch mit Ihrem Gott – ist das für Sie eine Utopie, eine Sehnsucht oder sogar schon Wirklichkeit?
- Haben Sie in Ihrem Leben schon einmal die Wahrheit gespürt, dass Ihnen eigentlich nichts passieren kann, weil Sie, wenn alle Stricke reißen, „schlimmstenfalls" in Gottes Hände fallen? Kennen Sie wenigstens ansatzweise diese unerklärliche Zuversicht: „Gott ist wirklich alles, was ich brauche? Warum mache ich mir Sorgen, statt seine Nähe zu suchen?"

Kapitel 8

Gottes „Stil" im Umgang miteinander

Franz von Sales (1567–1622)

Denn wir dürfen wissen:
Gott ist größer als unser Herz und weiß alles,
er kennt unser Bemühen wie unsere Grenzen.
1. Johannes 3,20 (Gute Nachricht)

Nicht jeder muss erst einmal eine mehr als ausgelassene Jugendzeit hinter sich gebracht haben, um dann plötzlich möglichst durch eine handfeste Krise darauf zu kommen, dass es auch noch ganz andere Werte in diesem Leben gibt, die mehr Sinn ergeben und für die es sich einzusetzen lohnt. Franz wird 1567 auf Schloss Sales als Kind wohlhabender, gläubiger Eltern geboren. Die Mutter ist allerdings mehr von der geistlichen Entwicklung ihres Sohnes beeindruckt als der Vater, der höhere Pläne für ihn hat. Darum schickt er den aufgeweckten Jungen auch früh auf die damals anerkanntesten Universitäten von Paris und Padua. Sein Sohn soll nicht nur Edelmann sein, sondern ein gefragter Jurist werden. Franz studiert Jura, aber nebenbei auch Theologie. Das eine, um seinen Vater nicht zu verletzen, das andere, weil alles in ihm sich zum Priesterberuf hingezogen fühlt. Schließlich gibt der Vater nach, allerdings erst, als er über Beziehungen die Zusicherung bekommt, dass sein Sohn nicht nur ein einfacher Landpfarrer werden wird, sondern Domprobst des Genfer Bistums. Seinem Sohn Franz ist der Posten samt des Titels allerdings mehr als gleichgültig; er ist endlich in dem Beruf angelangt, von dem er seit seinem zwölften Lebensjahr geträumt hat.

Und das, obwohl ihm sein eigenes Naturell dabei oft genug in die Quere kommt. Vor allem hat er immer wieder mit seinem aufbrausenden Temperament, dann wieder mit Ängsten und Schuldgefühlen zu kämpfen. Letztere scheinen ihn dann auch während des Studiums zu überwältigen. Er sieht sich schon als einen von Gott verworfenen Menschen, der dazu bestimmt ist, auf ewig in der Hölle – weit entfernt von seinem geliebten Gott – bleiben zu müssen. Hier spüren wir den starken Einfluss, den Calvin mit seiner Prädestinationslehre damals nicht nur auf seine Gläubigen, sondern auch auf seine theologischen „Gegner" ausgeübt haben muss.

Es gelingt Franz, diese Krise, die viele Wochen dauert und ihn an den Rand des Todes bringt, zu überwinden – nicht mühsam schleichend, sondern von einem Augenblick auf den anderen, als ihm der Heilige Geist zu verstehen gibt, dass er sich ganz in die erbarmende Allmacht Gottes fallen lassen soll. Und das, obwohl Franz nur Dunkelheit um sich sieht, niemanden, der diesen „Fall" auffangen könnte. Diese Erfahrung mag dazu beigetragen haben, dass Franz von Sales von nun an einerseits Menschen mit liebevollem Verständnis begegnet, andererseits aber jeden Calvinisten in Genf und Umgebung von diesem falschen Verständnis der Schrift befreien will. Mit welchem Eifer, das zeigen die ersten Jahre seines Wirkens. Unter Lebensgefahr verbringt er diese als

„Missionar“ in der schroffen Bergregion von Chablais (östlich vom Genfer See), dessen Bewohner calvinistisch geworden sind. Zunächst ohne jeden Erfolg. Erst nach fünf Jahren (1598) gelingt Franz die „Rückgewinnung“ des gesamten Gebietes.

Vier Jahre später wird er zum Bischof von Genf geweiht. Es beginnt eine mühevolle, alltägliche Schreibtischarbeit, die sich allein in den über zwanzigtausend Briefen niederschlägt, die seine „Werkstatt“, wie er es nennt, verlassen haben. Der Reformwille des Trienter Konzils trifft auf eine Diözese, die glaubensmäßig gespalten ist und deren Klerus und Ordensleute, um es vornehm auszudrücken, sehr heruntergekommen sind (es gibt natürlich auch Ausnahmen). Und wie die Hirten, so die Schafe. Franz bekommt es mit so viel Menschlichem, allzu Menschlichem zu tun, dass er eigentlich vor einer solchen Aufgabe hätte kapitulieren müssen. Doch stattdessen lässt er keinen Moment locker in seinem Bemühen, sich gegen den Zeitgeist zu stellen und vor allem seine Priester und Ordensleute für ein Leben zu begeistern, das man als „Nachfolge Jesu“ bezeichnen könnte. Für sie und alle offenen Christen seiner Zeit schreibt Franz von Sales ein kleines Buch, das noch heute gelesen wird und Auflage um Auflage erlebt: „Philothea – Einführung zu einem Leben aus dem Glauben“. Neben den vielen praktischen Ratschlägen für ein Leben als Christ im Alltag ist es vor allem die völlig ungewöhnliche liebevolle Art, mit der Franz den einzelnen Leser zu gewinnen sucht.

Vielleicht wird dies noch etwas deutlicher, wenn wir den Rat lesen, den er einer Äbtissin von Montmartre in Paris gibt:

Die Sorge, die sie für die Erneuerung tragen sollen, muss sanft, liebreich, mitfühlend, einfach und nachsichtig sein… Glauben Sie mir, Madame, die vollkommenste Sorge ist jene, die am meisten der Sorge Gottes für uns ähnlich ist. Diese aber ist eine Sorge voll Ruhe und Stille, voll Güte, Demut und Geduld. (*Oeuvres de Saint François de Sales*, Edition complète, Monastère d'Annecy, Bd. 12, S. 173)

In diesem Rat finden wir die wohl beste Beschreibung dessen, was Franz von Sales selbst gelebt hat. Seine „Philothea" enthält nicht länger enge Frömmigkeitsvorstellungen, wie sie den Menschen „in der Welt" aus dem klösterlichen Leben als Ideal vorgestellt wurden, sondern sie bringt eine völlig neue Sicht des Christseins *mitten in der Welt*. Diese Grundausrichtung legt er auch in seinem Lebenswerk nicht ab, „Theotimus – Traktat über die Gottesliebe" (1616).

Nur wenige Jahre später ist Franz körperlich erschöpft. Man will ihn zum Kardinal ernennen (1621), aber er lehnt dankend ab. Stattdessen sehnt er sich danach, sich in eine Eremitage am Ostufer des Lac d'Annecy zurückzuziehen, um dort in Ruhe zu beten und zu schreiben. Doch seine Lebensenergie ist ganz offensichtlich aufgebraucht. Noch an seinem Sterbetag (28.12.1622) rät ihm sein langjähriger Beichtvater: „Beten Sie zu Gott: ‚Wenn ich deinem Volke noch notwendig bin, weise ich die Arbeit nicht zurück'!" Darauf Franz mit tiefem Ernst: „Ich, notwendig? … Nein, ich bin ein unnützer, unnützer Knecht." Er ist felsenfest überzeugt, dass Gott es ist, der das Reformwerk angefangen hat, und dass er auch derjenige sein wird, der es vollenden wird.

Freimut und Liebe. Rein menschlich gesehen setzt sich Franz von Sales zwischen alle Stühle. Den eifrigen Reformern ist er zu geduldig, dem laxen „Bodenpersonal Gottes" zu streng, den Calvinisten zu katholisch, so manchen Kirchenleuten entschieden zu wenig klerikal. Ob er sich zeit seines Lebens von irgendeiner Seite beeinflussen lässt? Wenn ein Schriftwort auf jemanden zutrifft, dann auf diesen Bischof von Genf: „Verkünde den Menschen Gottes Botschaft. Setz dich dafür ein, ob es den Menschen passt oder nicht! Rede ihnen ins Gewissen, weise sie zurecht, und ermutige sie, wo es nötig ist. Lehre sie in aller Geduld" (2. Timotheus 4,2). Diesen Freimut zu haben, die Dinge beim Namen zu nennen, die einfach nicht in Ordnung sind, und gleichzeitig keinen Augenblick lang den Respekt vor und die (übernatürliche) Liebe zu den Menschen zu verlieren – das ist eine Eigenschaft, von der wir uns von Gott eine Extraportion erbitten sollten. Das vielleicht beeindruckendste Zeugnis für dieses Miteinander von Freimut und Liebe ist seine Ansprache zu Beginn seines Dienstes als Domprobst. Zu dieser Zeit ist Annecy der Sitz des Bischofs, weil Genf fast gänzlich calvinistisch geworden ist. In dieser Situation wagt Franz es unter anderem, folgende Gedanken laut vorzutragen:

Mit christlicher Liebe müssen wir die Mauern um Genf erschüttern, mit Liebe sie erstürmen, mit Liebe sie einnehmen. Wollen Sie hören, wie eine belagerte Stadt leicht zu nehmen ist – als Holofernes die Stadt Betulia belagerte, sperrte er die Wasserleitung und ließ die Quellen bewachen, die ihren Durst hätten stillen können. Ebenso muss es mit Genf geschehen, denn es gibt einen Aquädukt, der

die gesamte Menge der Ungläubigen nährt und belebt: Es sind die schlechten Beispiele verkommener Priester, die Taten, Worte, kurz: die Sittenverderbnis aller, besonders aber der Männer der Kirche. Es ist unsere Schuld, wenn der Name Gottes täglich geschmäht wird. (*Oeuvres*, Bd. 7, S. 99 f.)

Fast fühlt man sich daran erinnert, dass die Kirchendistanzierten gerade in den vergangenen Jahren diese Sorte Wasser reichlich geliefert bekamen. Selbst wenn die negativen Nachrichten oft nur zum Vorwand für die eigene Passivität dienen, bleibt doch die Frage offen, wie unser Land aussehen würde, wenn jeder verstanden hätte, dass er selbst so eine kleine oder sogar größere Quelle ist, die entweder den Unglauben oder das suchende Vertrauen unserer Mitmenschen tränkt.

An Deutlichkeit lässt diese Antrittsrede ja nichts zu wünschen übrig, und es ist vorauszusehen, dass so manchem gar nicht behagt, was er da zu hören bekommt. Aber Franz weiß aus eigener Erfahrung, dass Kritik, die das Selbstwertgefühl eines Menschen verletzt, keine Veränderung zum Guten bewirkt. Im Gegenteil: in den allermeisten Fällen sogar zum Schlechteren. Darum sind alle seine Äußerungen, auch seine noch so ernsten Briefe, immer von einem Erbarmen und einer Liebe getragen, die so gar nicht in die Zeit passen, wohl aber im Evangelium zu finden sind. Wenn jeder von uns nur eine kleine Portion dieser Grundeinstellung zu jedem Menschen in unserer Gesellschaft hätte – unser gesamtes Leben würde anders aussehen: Kinder, die nicht den Anforderungen von Familie und Schule entsprechen, könnten aufatmen; Angestellte und Arbeiter würden gerne ihr Bestes geben, weil sie sich geachtet fühlen; Politiker würden ihrer Verantwortung mehr Aufmerksamkeit widmen als dem ehrgeizigen Kampf gegen den politischen Gegner. Die Liste lässt sich mit vielen Beispielen aus dem eigenen Leben ergänzen. Wir brauchen Korrektur, keine Frage. Aber erst wenn wir bei aller Kritik auch diese Grundhaltung eines Franz von Sales an den Tag legen, bewirkt sie eine Veränderung, die wir dankbar annehmen. Wie schreibt er doch noch: „Man muss als sicher ansehen, dass die Menschen durch Liebe und Freundschaft mehr zu bewegen sind als durch Schärfe und Strenge."

Ein gebildetes Herz. Man hat dem Bischof von Genf im Laufe der Jahre den Titel „Lehrer der Theologie des Herzens" verliehen. Ihm geht es nämlich bei allen seinen Schriften nur um eines: nicht den Kopf noch weiter zu mästen, sondern so etwas wie eine „gebetete Dogmatik" an seine Mitmenschen weiterzugeben. Auch wenn wir im Alltag sicher nicht viel von Dogma und Dogmatik halten, weil das ganz offensichtlich etwas für die Spezialisten ist, so dürfen wir doch nicht ganz übersehen, dass wir mit unserem Leben als Christen mitten in der Dogmatik stecken. Wir würden es natürlich nie so bezeichnen, aber alles, was wir über Gott, den Vater, Jesus, seinen Sohn, und den Heiligen Geist denken, wie wir und zu wem wir beten, was wir für unser Leben und nach unserem Tod erwarten dürfen – all das können wir und sollten wir zumindest benennen können. Das ist unser Glaube. Er ist unser Fundament, das uns sicher stehen lässt, auch wenn rings um uns alles wackelt. Und in jedem Satz, ja, in jeder einzelnen Formulierung steckt unsere Dogmatik. Spätestens im Gespräch mit einem suchenden oder distanzierten Menschen merken wir, wie viel Theologie in unserem Denken steckt, ja, stecken *muss*.

Franz von Sales ist davon überzeugt, dass nur diejenigen Glaubenserkenntnisse wirklich etwas mit unserem Leben zu tun haben, die durch das Gespräch mit Gott unser Herz erreichen konnten. Was würde es nutzen, wenn wir alle Katechismussätze Luthers auswendig wüssten, aber unglücklich wären, weil wir mit unserem Leben nicht zurande kämen! Was hätten wir davon, wenn wir immer noch mit Existenzängsten zu kämpfen haben, weil die Lehre von der Geborgenheit in der Liebe unseres himmlischen Vaters nie unser Herz erreicht hat! Oder noch anders ausgedrückt: Es kann jemand ein Professor für Dogmatik sein, menschlich gesehen aber ein arroganter, unangenehmer Typ, dem alle Studenten möglichst aus dem Weg gehen. Und wenn man es positiv ausdrücken wollte: Jemand hat vielleicht nur eines in seinem Leben wirklich begriffen und in sein Innerstes gelassen – dass Gott ihn kennt und lieb hat –, und deshalb begegnet er allen Menschen mit einer Liebe, die den kurzen Umweg über die unendliche Liebe Gottes genommen hat. Was für ein ewigkeitsentscheidender Unterschied!

Um das Anliegen dieser „Theologie des Herzens“ auf unser alltägliches Leben zu übertragen, brauchen wir also „nur“ eines von Franz von Sales zu übernehmen: Alles, was wir glauben, muss sich auch irgendwie in unserem Leben auswirken, und das kann es nur, wenn dieser Glaube aus dem Gespräch mit Gott hervorgegangen ist.

Glaube ohne Beziehung ist zumindest bei diesem Vater, der seinen Sohn in diese Welt gesandt hat, um uns an sein Herz zu ziehen, völlig undenkbar. In diesem Fall wäre das Christentum eine Religion wie jede andere oder schlimmer noch, einfach eine Ideologie unter vielen.

Gelassenheit. Ist das Herz des Menschen erst einmal durch die Liebe Gottes „besiegt", ist er da, wo Gott jeden Einzelnen von uns haben möchte – in seiner Nähe. Und in dem vertrauten Umgang mit unserem Vater wächst etwas, das in unserer Welt mit nichts aufzuwiegen ist: das Vertrauen, dass alles gut wird, weil Gott uns kennt und, mehr noch, jeden von uns unvorstellbar liebt. Was kann uns schon passieren, wenn wir nie tiefer fallen können als in seine Hand? Was machen wir uns großartig Gedanken darüber, wie es übermorgen weitergehen könnte, wenn dieser Gott uns hundertmal durch sein Wort zuflüstert: „Vertrau mir doch, ich bin dir näher als du dir selbst. Mir gleitet weder die große noch deine kleine Geschichte aus der Hand. Bleib gelassen, und sorge dich nur darum, dass wir im Gespräch bleiben."

Ob wir unseren Alltag wohl anders angehen, wenn wir uns jeden Morgen neu in seine Geborgenheit fallen lassen? Gäbe es da nicht viel weniger Stress, Angst und sorgenvolles Grübeln? Franz von Sales verdanken wir einen kostbaren Text, der eine solche Lebenshaltung beschreibt. Lesen Sie selbst:

Meine Vergangenheit kümmert mich nicht mehr,
sie gehört dem göttlichen Erbarmen,
meine Zukunft kümmert mich noch nicht,

sie gehört der göttlichen Vorsehung.
Was mich kümmert, ist das Hier und Jetzt und Heute;
das aber gehört Gottes Gnade und der Hingabe
meines guten Willens.

In dem letzten Satz finden wir in komprimierter Form eine tiefe Weisheit. Dieses Vertrauen ist für Franz kein stoisches Gleichgültigkeitsgefühl nach dem Motto: „Es kommt, wie es kommt, und ich kann ja eh nichts machen." Nein, es lebt von dieser Abba-Beziehung, die uns durch Jesus ermöglicht wurde. Ein Kind ist auch keine Marionette und lässt alles passiv über sich ergehen. Es ist aktiv und hat den starken Willen, selbst etwas auf die Beine zu stellen. Aber dabei weiß es immer, wo es seinen Papa finden kann, und es ist dann am freiesten, wenn dessen gütiger Blick alles im Auge behält. So und nicht anders hat sich Franz von Sales die Gelassenheit vorgestellt, die uns der lebendige Glauben schenkt:

Wenn ich noch einmal anfangen könnte, ich würde mich noch vorbehaltloser und radikaler mit der Einfalt eines Kindes – auch in den kleinsten Dingen des Alltags – der Vorsehung Gottes überlassen. (*Deutsche Ausgabe der Werke des hl. Franz von Sales*, Eichstätt/Wien, Bd. 3, S. 225)

Das kindliche Vertrauen auf die Nähe des Vaters (Gottes Gnade) und die Hingabe all dessen, was an gutem Willen in uns steckt, können eine Menge bewegen. Diese Kombination hat tatsächlich das Zeug, unsere Alltagswelt umzukrempeln. Sie ist der Ort, von dem Archimedes sagen würde, dass man auf ihm stehen muss, um die

Welt aus den Angeln zu heben. Zuallererst einmal unsere eigene manchmal so kleine, müde, traurige, langweilige Welt.

Ein Gebet von Franz von Sales

Barmherziger Gott!
Mein gütiger Gott!
Mein lieber, gütiger Jesus!
Du Gott meines Herzens!
Meine Freude, meine Hoffnung!
Geliebter meiner Seele!
Jesus, sei mir Jesus!
Es lebe Jesus
und meine Seele wird leben.

Ein bisschen Franz von Sales in Ihrem Alltag

- Wie denken Sie über die Prädestination (theologisches Konzept, welches besagt, dass alles vorherbestimmt ist und wir an unserem Leben nichts ändern können)?
- Wie sehen Sie die Aussage, dass das eigene Leben entweder Wasser auf die Mühlen von glaubensdistanzierten Menschen ist oder Quelle für Suchende, die durstig nach einer echten Gottesbeziehung sind?
- Fällt es Ihnen schwer, einen Menschen zu korrigieren, der dringend dieser Hilfe bedarf? Würde Ihnen die Aussage dabei helfen: „Wenn du jemand kritisieren musst, dann bete vorher für ihn und bitte um den Schutz der Liebe Gottes für ihn!“

- Haben Sie schon einmal mit Gott über theologische Fragen gesprochen, die Ihnen Schwierigkeiten bereiten? Haben Sie dabei Einblicke in „seine Dogmatik" erhalten?
- Wie geht es Ihnen mit der Vorstellung, dass Glaubensinhalte mit unserem Leben zu tun haben müssen? Und dass umgekehrt bei der Unterschiedlichkeit unseres Lebens „Dogmen" für den Einzelnen auch unterschiedliche Bedeutungen haben können?

Kapitel 9

Altes Gebet für moderne Zeiten

Starez Theophan (1815–1894)

Freut euch zu jeder Zeit! Hört niemals auf zu beten. Dankt Gott für alles. Denn das erwartet Gott von euch, weil ihr zu Jesus Christus gehört.
1. Thessalonicher 5,16–18

Bärtige Mönche, lange Gesänge, viel Weihrauch und Ikonen – das ist so ziemlich alles, was einem Normalbürger einfällt, wenn er an die orthodoxe Kirche denkt. Alles ein wenig in das mystische Dunkel frühmittelalterlicher Frömmigkeit gehüllt. Wer ein wenig in dieses Dämmerlicht eintritt, kann allerdings bewegende Entdeckungen machen. Eine davon ist ganz sicher das „Jesusgebet" der Ostkirche. Und genau dieses Gebet hat so viel mit der Bewältigung unseres Alltags zu tun, dass es in diesem Buch einfach nicht fehlen darf. Hier seien nur zwei Bücher erwähnt, die für viele Christen in den westlichen Ländern eine große Hilfe wurden. Das bekannteste ist „Aufrichtige Erzählungen eines russischen Pilgers" (Herder, 2000), das eine einfache und sehr anregende Anleitung zum Jesusgebet darstellt. Das andere stammt von einem russischen Gelehrten, der die letzten dreißig Jahre seines Lebens als Eremit gelebt hat. Ihm verdanken wir eine Fülle an geistlicher Literatur, die unserem Denken vor allem auch das Jesusgebet erschließt: Starez Theophan*.

Als Sohn eines orthodoxen Popen kommt Georgi Wassiljewitsch Goworow 1815 in Tschernawsk (ca. 500 km östlich von Moskau) zur Welt. Er studiert in Kiew Theologie und lernt dabei durch Starez Parthenij das Mönchsleben und damit auch das Jesusgebet kennen. Er wird Priester, dann Theologieprofessor in Olonez und dem relativ nahe gelegenen Sankt Petersburg. 1847 reist er ins Heilige Land und beschäftigt sich dort sieben Jahre lang mit den griechischen Kirchenvätern. Nach Sankt Petersburg zurückgekehrt, leitet er dort die geistliche Akademie. 1859 wird er dann zum Bischof von Tambow und Schazk und 1863 schließlich von Wladimir (östlich von Moskau) und von Suzdal ernannt, verzichtet aber schon 1866 auf sein Amt und zieht sich in ein Kloster zurück. Wenige Jahre danach entschließt er sich, bis zu seinem Tod als *Zatvornik* zu leben, der wohl strengsten Form des Eremitenlebens.

Hat jemand mit einem solchen geistlichen Werdegang uns modernen Menschen etwas zu sagen, das uns in unserem alltäglichen Getriebe eine Hilfe sein kann? Wir werden sehen. Jedenfalls war Starez Theophan in seiner Klause alles andere als untätig. Er übersetzte viele der griechischen Kirchenväter ins moderne Russisch, schrieb Kommentare zu den Paulusbriefen und führte mit den wichtigsten Personen seiner Zeit eine rege Korrespondenz (zusammengefasst in zehn dicken Bänden). Auch

* Ein Starez war ursprünglich ein geistlicher Erzieher junger Mönche, im 19. Jahrhundert vor allem auch für das christliche Volk als Ganzem.

hier sehen wir: Ein Leben im Gebet und höchste Aktivität müssen sich nicht zwangsläufig ausschließen …

„Hört niemals auf zu beten.“ Wer hat bei dieser Aufforderung des Apostels nicht schon leise bei sich gedacht: *Der hat gut reden! Wenn man ausgedehnte Wanderungen durch Kleinasien und Griechenland unternimmt, kann man freilich ohne Unterbrechung beten – nichts, das stört: keine Leute, kein Handy, kein Verkehr.* Aber wir sind nicht die Ersten, die diese Anfrage an Paulus stellen. Schon wenige Hundert Jahre nachdem er diese Worte niederschreibt, hat dieses Thema die Menschen beschäftigt, und damals war es mit Sicherheit noch ähnlich „ruhig“ wie in den Jahren seiner Missionsreisen. Und aus diesen Jahrhunderten (4.–6. Jahrhundert) stammen bereits die Erfahrungen mit dem Jesusgebet, die damals schon eine sehr praktische Antwort auf die Frage geben, wie man tatsächlich zu jeder Zeit beten kann. Wenn wir uns vor Augen führen, dass diese Gebetsform nicht in der geistlichen Not der Neuzeit entstanden ist, gibt das uns gestressten Erdenbürgern eine gewisse Sicherheit. Immerhin hat sich diese Gebetsform über 1.500 Jahre erhalten, was man nicht von allen „frommen Übungen“ sagen kann.

Aber was ist nun eigentlich dieses „Jesusgebet“? Es hört sich ganz einfach an – und das ist es auch. Mit Sicherheit ist es zu einfach für Menschen, die es gerne ein wenig komplizierter hätten. Zunächst einmal: Es handelt sich nicht um ein laut gesprochenes Gebet, sondern man soll es „in seinem Herzen“ beten. Es hat ursprünglich nur eine Textzeile, die lautet: „Jesus, Sohn Gottes, erbarme dich meiner.“ Da manche mit dem zweiten Teil des Gebetes kaum etwas anfangen können, empfehlen heute hin und wieder geistliche Lehrer jemandem, der in diese Gebetsform hineinwachsen möchte, statt des ursprünglichen Satzes einen anderen zu nehmen wie: „Jesus, Sohn Gottes, ich bete dich an." Oder: „Jesus, Sohn Gottes, ich gehöre dir (ich liebe dich – ich will dir folgen – ich danke dir usw.)." Ob das ganz im Sinne derer ist, die der Christenheit dieses Gebet vor 1.500 Jahren mit auf ihren Weg gaben, davon später mehr.

Bis hierher also eigentlich nichts Besonderes, oder? Was dieses Jesusgebet zu etwas ganz Außerordentlichem macht, bedarf einer kleinen Erklärung vorab. Wir alle wissen aus eigener Erfahrung, dass unser Körper in stressigen Situationen – etwa vor einer Prüfung oder vor einem Gespräch mit dem Chef – seltsame Reaktionen an den Tag legt: Die Hände werden feucht, der Magen füllt sich mit Blei, die Gedärme wiederholen im Eiltempo die Aktivitäten der vergangenen drei Tage, die Knie verwandeln sich in Pudding und so weiter. Dabei hat die Prüfung oder das Gespräch noch gar nicht stattgefunden. Allein der Gedanke daran verursacht in unserem Körper – je nachdem, ob das vor uns liegende Ereignis mit Vorfreude oder mit einer gewissen Angst behaftet ist – spürbare Reaktionen. Was für viele Menschen vor allem im asiatischen und vorderasiatischen Raum ganz selbstverständlich ist, müssen wir Europäer meist erst wieder mühsam erlernen: Wir sind eine Einheit. Zwar teilen wir den Menschen gerne (wahrscheinlich um des besseren Verstehens willen) in Geist, Seele und Leib auf. Aber für Angehörige anderer Kulturen – allen voran die des jüdischen Volkes – ist der Mensch eine Einheit, sodass jeder

Bereich in ihm nicht nur mit dem anderen untrennbar verbunden ist. Nein, es findet in uns auch eine ununterbrochene gegenseitige Beeinflussung statt. Gedanken schicken Botenstoffe auf den Weg, Hormone bestimmen unser Denken, Unterzuckerung lässt unser Gemüt gereizt und nervös reagieren, kurzum: Wir sind als Einheit gedacht, und wir tun gut daran, im alltäglichen Leben jede Einseitigkeit zu vermeiden. Wer nur seinen Körper trainiert oder wer ausschließlich in seine geistigen Fähigkeiten investiert, ohne die „emotionale Intelligenz" zu fördern, wird über kurz oder lang immer irgendwelche Ausfallerscheinungen haben. Und genau hier, inmitten dieses unentwirrbaren Mit- und Ineinanders von Geist, Seele und Leib, ist das Jesusgebet angesiedelt.

Und deshalb wird das Jesusgebet zum Beispiel auch mit unserem Atem verbunden. Während des Einatmens betet man: „Jesus, Sohn Gottes ..." und beim Ausatmen: „... erbarme dich meiner." Die ebenso folgenreiche wie beglückende Tatsache ist nun, dass bei ausreichend langem Beten in dieser Form irgendwann der Moment eintritt, in dem der „Körper" sozusagen selbst weiterbetet. Das klingt ein wenig exotisch, ist aber eine vielfach bezeugte wunderbare Erfahrung. Keine Frage, dass zumindest auf diese Weise das „Hört nie auf zu beten" des Paulus tatsächlich möglich ist.

Im „Aufrichtigen Bericht eines russischen Pilgers" (Anfang des 18. Jahrhunderts) wird in einer Weise von den Auswirkungen des Jesusgebetes berichtet, dass jedem Leser das Wasser im Mund zusammenläuft – geistlich gesehen, versteht sich. Dieses Miteinander von Geist, Seele und Leib beim Jesusgebet scheint außerordentliche, ja, sogar übernatürliche Fähigkeiten und unerwartete Lösungen großer Probleme zu bewirken. Wir haben bei den Erzählungen des unbekannten Pilgers keinen Anlass anzunehmen, dass es sich bei ihnen um rührende Fantasiegeschichten handeln könnte. Für die Wahrheit des „Berichtes" steht allein schon ein hochgebildeter Mann wie der Starez Theophan mit seinem Namen ein. In seiner „Schule des Herzensgebetes" (S. 51) schreibt er:

Dringe tief hinein in das Jesusgebet ... Es wirkt in dir Einheit, es teilt dir das Gefühl von Kraft im Herrn mit, und das Ergebnis wird sein, dass du immer bei ihm bleibst, ob du nun allein oder mit anderen bist, ob du dich um Haushaltssorgen kümmerst oder mit Lesen oder Beten beschäftigt bist. Nur das Eine ist wichtig: Schreibe die Kraft dieses Gebetes nicht der Wiederholung bestimmter Worte zu, sondern der Tatsache, dass du Intellekt und Herz bei aller Wiederholung dieser Worte auf den Herrn gerichtet hältst, mit anderen Worten: auf die Tätigkeit, die diese Wiederholung begleitet.

Während sich also unser Geist im Rhythmus des Atmens in aller Demut an Jesus hingibt, richtet sich unser innerer Mensch mehr und mehr auf Gott aus. Das kann bei der Arbeit genauso geschehen wie beim Autofahren, erst recht beim Spazierengehen oder beim entspannten Musikhören. Es geht also um diese innere Ausrichtung, die nur eines zum Ziel hat: möglichst in seiner liebenden Gegenwart zu bleiben, egal, was um uns herum geschieht. Das heißt auch für den Betenden: Rechne damit, dass du irgendwann, meist unerwartet, nicht mehr irgendwelche Worte betest, sondern ganz von der Gegenwart Gottes „gefangen“ bist. Das sind dann die Augenblicke, in denen die Gedanken gar keine Lust mehr haben, auf Wanderschaft zu gehen.

Das klingt ausgesprochen mystisch, und wir sollten uns nicht wundern, wenn der eine oder die andere einfach feststellt, dass die ganze Geschichte für ihn oder sie drei Schuhnummern zu groß ist. Wer hat schon die Stunden, ja, Minuten übrig, während der Woche ein solches Gebet einzuüben?! Natürlich freuen wir uns, dass die orthodoxen Mönche daraus so viel Kraft ziehen, aber so etwas funktioniert einfach nicht mehr in unserer hektischen Zeit! Zugegeben, den offensichtlichen Segen dieses „halbmystischen“ Gebetes hätten wir ja schon gern, aber leider, leider fehlt uns dazu die nötige Zeit.

Interessanterweise wird es unter uns nicht wenige geben, die eine solche Argumentation für einleuchtend halten. Und zwar so lange, bis während eines todlangweiligen Krimis, den wir uns manchmal – nur so zur Entspannung – „reinziehen“ oder während einer Autofahrt, bei dem im Hintergrund das Radio vor sich hin dudelt, plötzlich ein kleiner, frecher Gedanke auftaucht: *Sei mal ehrlich, du hast doch eigentlich gar nicht zu wenig Zeit! Du nutzt sie nur für etwas anderes, das dir wichtiger erscheint. Wie wäre es, wenn du jetzt die Kiste mal abstellen oder das Radio ausschalten würdest, um ein wenig Gemeinschaft mit deinem Gott zu pflegen? Immerhin wartet er schon seit heute Morgen auf ein liebevolles Wort von dir!* Ist es nicht ein Segen, dass wir manchmal keine Taste finden, mit der wir solche Gedanken einfach wegklicken können?!

„Erbarme dich meiner." Im ersten Moment erscheint es etwas eigenartig, dass im ursprünglichen Jesusgebet nur gebetet wird: „Jesus, Sohn Gottes, erbarme dich meiner." Es ist nicht ausgeschlossen, dass sich auch hier in uns ein Widerspruch regt, den wir, gut und fromm erzogen, natürlich sofort wieder verdrängen wollen. Doch das klappt nicht immer und so nagt es an uns: „Bin ich wirklich so schlimm, dass ich dauernd um Erbarmen betteln muss? Das macht einen ja depressiv, dieses ständige Flehen um Gnade!" Das ist leider typisch für viele von uns. Eine solche Aussage lässt uns einfach nicht aufrecht dastehen, denn wie heißt es schon in dem alten Kirchenlied: „Hier liegt vor deiner Majestät im Staub die Christenschar."

Wenn Sie diesen inneren Widerstand gegen den zweiten Teil des Gebetes nicht verspüren, dann danken Sie auf Ihren Knien Gott. Er hat Sie mit einer großen Gabe beschenkt: dem Sinn für die Wirklichkeit. Starez Theophan zeigt allen Übrigen mit entwaffnender Klarheit, warum dieses Gebet für unsere Beziehung zu Gott, zu anderen Menschen, ja, selbst für unsere seelische Gesundheit so wertvoll ist.

Wenn wir beten: „Erbarme dich meiner!", dann ist das mehr als nur eine quengelnde Bitte, Jesus möge einem diesen oder jenen Fehltritt vergeben. Es ist das Bekenntnis zu unserer vollkommenen Abhängigkeit von seiner erbarmenden Liebe, von seiner unerschöpflichen Gnade. Hier kann das reformatorische *sola gratia* („Allein durch Gnade sind wir errettet") bis in unser Innerstes dringen. Während des Betens erinnert sich unsere Seele unablässig daran, dass wir das Erbarmen nicht verdient haben, das uns Tag für Tag geschenkt wird. (Es wäre übrigens schrecklich, wenn wir bekommen würden, was wir wirklich verdient haben.) Eine andere Haltung Gott gegenüber ist höchst unrealistisch und wäre nur der Beweis dafür, dass wir ein großes Problem mit unserer Selbstwahrnehmung haben. Nein, Gottes Erbarmen über uns ist der Schlüssel zu einem entspannten Leben in seinem „übernatürlichen" Frieden. Wer diesen einmal so richtig gespürt hat, kennt auch die einzig angemessene Reaktion: Dankbarkeit und Liebe. Beides kann auch den alltäglichsten Alltag „knacken" und in wertvolle Tage und Stunden verwandeln.

Wenn wir beten: „Erbarme dich meiner", dann hat das auch einen großen Einfluss auf unser alltägliches Miteinander. Die Welt wäre ja eigentlich ganz in Ordnung, gäbe es da nicht die Menschen, die uns auf die Nerven gehen, die uns das Leben schwermachen, die uns verletzen. Für Starez Theophan beginnt hier die Testphase für die Echtheit unserer Beziehung zu Gott. Er hat eines erkannt: Wenn ein Mensch bis ins sein tiefstes Innerstes hinein verstanden und angenommen hat, dass er wirklich ein Wesen ist, das Tag für Tag vom Erbarmen Gottes lebt, dann verändert das auch seine Reaktionen auf Menschen, die sich aus seiner Sicht ihm gegenüber „nicht richtig" verhalten. Was passiert denn, wenn jemand uns verletzt? Sind wir nicht deshalb so getroffen, weil wir von uns selbst doch eine andere Meinung haben, man uns demnach nicht genügend versteht, schätzt oder respektiert? Theophan ist überzeugt, dass es die meisten Konflikte gar nicht gäbe, wenn wir stärker von unserer eigenen Erbarmungswürdigkeit ausgehen würden. Aber lassen wir ihn selbst zu Wort kommen:

Ihr sagt mir, dass ihr beleidigt seid. Ist man beleidigt, dass einem zu wenig Aufmerksamkeit entgegengebracht wird, so ist das ein Zeichen, dass man sich der Aufmerksamkeit für wert erachtet und sich also im Herzen eine große Bedeutung zumisst. Mit anderen Worten: Man hat ein von Stolz aufgeblasenes Herz. Ist das gut? (*Schule des Herzensgebetes*, S. 194)

Theophan geht es um eine realistische Selbsterkenntnis, die vor Gott – endlich – eingesteht, wie es wirklich in uns aussieht: ohne Entschuldigungen, ohne Beschönigung, ehrlich bis „auf die Knochen". Das fordert uns einiges ab, weil wir nur zu gerne der Befürchtung Glauben schenken, eine solche Ehrlichkeit könnte uns vielleicht in Depression oder gar Verzweiflung stürzen. Doch das Gegenteil ist wahr, denn es ist ja gerade Gottes Gnade, die uns trägt und umfängt. Erinnern Sie sich noch an Franziskus? Als er einmal angehimmelt wurde, wie heilig er sei, antwortete er kurz angebunden: „Seien Sie ruhig, wenn Gott mich nicht halten würde, könnte ich schon morgen mit einer Hure ein Kind haben …" Diese Ehrlichkeit sich selbst gegenüber und das Wissen um den Einzigen, der uns wirklich trägt, ist unsere Sicherheit; nicht unsere Vergangenheit voller Bauchlandungen und auch nicht unser krampfhaftes Bemühen, es dieses Mal endlich besser zu machen.

Aus diesem Grund ist das Echo auf unser Gebet „Jesus, Sohn Gottes, erbarme dich meiner!" eine heitere Gelassenheit, denn wir haben erkannt, dass wir in seinem Erbarmen geborgen sind. Vielleicht verstehen wir jetzt auch ein wenig besser, was Starez Theophan meint, wenn er uns unnötigen Stress nehmen möchte, indem er uns an Jesus erinnert, der uns zu einer in unserer Welt völlig ungewöhnlichen Verhaltensweise ermutigt:

Der Herr hat gesagt: „Wenn man euch auf die eine Wange schlägt, so haltet auch die andere hin." Aber wir sind dermaßen empfindlich, dass, wenn eine Mücke uns nur im Vorbeifliegen mit ihrem Flügel anrührt, wir schon die Waffen in der Hand haben. (*Schule des Herzensgebetes*, S. 194)

Philosophie und Psychologie sind sich in einem Punkt einig: Wir erleben die Welt nur so, wie es in uns aussieht. Vielleicht können wir jetzt wenigstens erahnen, welche Veränderung unser Alltag erfahren würde, wenn unser Herz direkt an die Pipeline göttlichen Erbarmens angeschlossen wäre. In diesem Sinne:

Jesus, Sohn Gottes, erbarme dich unser.

Aus Psalm 16 (Verse 7 bis 9)

Ich preise den Herrn, denn er hilft mir, gute Entscheidungen zu treffen. Tag und Nacht sind meine Gedanken bei ihm.
Ich sehe immer auf den Herrn. Er steht mir zur Seite, damit ich nicht falle.
Darüber freue ich mich so sehr, dass ich es nicht für mich behalten kann. Bei dir, Herr, bin ich in Sicherheit.

Ein bisschen Starez Theophan in Ihrem Alltag

- Was wissen Sie über die orthodoxe Kirche? Haben Sie schon einmal einen Gottesdienst in byzantinisch-slawischer Liturgie „erlebt“?
- Sind Sie schon einmal über die Aufforderung des Paulus gestolpert: „Hört nicht auf zu beten“? Wenn ja, wie sind Sie damit umgegangen?
- Könnten Sie sich vorstellen, einmal eine Zeitlang das Jesusgebet „einzuüben“?
- Erkennen Sie für sich den Zusammenhang zwischen ehrlicher Selbsterkenntnis, dem Wissen um das Erbarmen Gottes und der Lösung zwischenmenschlicher Konflikte?
- Was löst es bei Ihnen aus, wenn Sie die *körperliche Seite* beim Jesusgebet mit einbeziehen sollen? Starez Theophan geht weit über das Gebet im Atemrhythmus hinaus, wenn er empfiehlt, sich während eines solchen Gebetes auch hin und wieder hinzuknien, vor Gott zu verneigen oder sogar vor ihm auf den Boden zu legen.

Kapitel 10

„Rede nie von Jesus, es sei denn …"

Charles de Foucauld (1858–1916)

Ein Weizenkorn, das nicht in den Boden kommt und stirbt,
bleibt ein einzelnes Korn.
In der Erde aber keimt es und bringt viel Frucht,
obwohl es selbst dabei stirbt.
Johannes 12,24

Suchen Sie ein Beispiel für einen klassischen Playboy? Hier haben Sie eines, wie es typischer nicht sein könnte: Charles de Foucauld entstammt altem französischen Adel, dazu noch einer der reichsten Familien Frankreichs. Er wird 1858 in Straßburg geboren. Die Ehe seiner Eltern geht 1863 auseinander, und als ob das für den Kleinen noch nicht schlimm genug wäre, sterben im darauffolgenden Jahr nacheinander Vater und Mutter. Charles und seine Schwester werden von frommen Verwandten aufgezogen, aber er verliert im Laufe der Schulzeit seinen Glauben, weil er, wie er später sagt, niemand findet, der ihm bei seiner Suche geholfen hätte. Stattdessen findet er ein Leben vor, wie es „schöner" nicht sein kann. Nach dem Tod seines Großvaters erbt er die bescheidene Summe von 840.000 Goldfranken (heute umgerechnet etwa 7,9 Mio. Euro), womit sich auch damals schon gut leben lässt. Und das tut der junge Foucauld.

Von der Jesuitenschule in Paris wird er 1875 wegen „Faulheit und unsozialem Benehmen“ geworfen, er schafft aber dann doch mithilfe von Privatunterricht die Prüfung zur Aufnahme an einer Militärakademie, um Offizier zu werden. Während seiner Ausbildung kann er sich nebenbei eine luxuriöse Wohnung leisten, in der er mit seinen Freunden und genügend weiblichem „Personal“ eine Party nach der anderen feiert – manchmal nur, um nicht zum Nachdenken zu kommen. Darüber hinaus begleiten 45 Strafen wegen Ungehorsam, Faulheit und Nachlässigkeit im Dienst sein Dasein als Offiziersanwärter. Da es für ihn ja keinen Gott mehr gibt, lebt er ganz nach der Devise, dass es aus diesem Leben herauszuholen gilt, was sich herausholen lässt. Diesen ausschweifenden Lebensstil führt er auch dann noch weiter, als ihn sein erster Einsatz 1880 nach Algerien führt, wo er nur ein Jahr später wegen anstößigem Benehmen und Ungehorsam unehrenhaft aus der Armee entlassen wird.

Doch hier in Algerien bahnt sich eine grundlegende Wende in seinem Leben an, und das nicht etwa, weil ihm seine Familie den Geldhahn zudreht. Nein, zwei Dinge bewegen ihn zu einer Veränderung: die Wüste und die gläubigen Muslime. Bei dem aufs Wesentliche reduzierten Leben in der Sahara verliert er mit einem Mal die Freude an dem extrem oberflächlichen Lebensstil, den er übrigens mit allem Luxus inklusive seiner Freundin nach Algerien mitgenommen hat. Den zweiten Anstoß zur Veränderung erhält er durch die Begegnung mit dem hingegebenen Glauben der Muslime, die sich fünfmal am Tag auf den Boden niederbeugen, um Allah anzubeten. Diese Beobachtung lässt in ihm die Frage nach der Existenz Gottes ganz neu aufbrechen. Gisbert Greshake, ein Professor der Theologie, der sich auf der Suche nach einer Spiritualität für unsere Zeit intensiv mit Foucauld beschäftigt hat, schreibt dazu: „Nicht an der abgebrühten Frömmigkeit der christlichen Bürger Frankreichs, sondern an den Moslems ist ihm aufgegangen, was das heißt, von Gott leidenschaftlich erfasst zu sein" (Joachim Kittel: *Biographisch-Bibliographisches Kirchenlexikon*, Bd. XXXIII)

Doch zunächst einmal folgen 15 Monate intensiver Vorbereitung, weil Charles sich in den Kopf gesetzt hat, das Europäern – vor allem Christen – verschlossene Marokko zu erforschen. Elf Monate durchstreift er unter Lebensgefahr auf rund 3.000 Kilometern das Land. Sein Reisegefährte ist ein Rabbiner und auch Charles hat sich als Jude verkleidet. Sein Reisebericht und die von ihm geleistete Kartografierung des Atlasgebirges bringen ihm in Frankreich und England hohes Ansehen ein. Für seine wissenschaftliche Arbeit zeichnet ihn die „Société de Géographie" mit der Goldenen Medaille aus.

Aber mehr und mehr wird aus dem anerkannten Forscher jemand, den die Frage nach der Existenz Gottes nicht mehr loslässt.

Oft setzt sich Charles in eine der großen Kirchen von Paris, weil sie die einzigen Orte sind, die so etwas wie eine Oase für seine suchende Seele darstellen, und betet immer wieder den einfachen Satz: „Gott, wenn es dich gibt, dann lass mich dich erfahren." Als er eines Tages (1886) einen Priester darum bittet, ihm doch eine Art Glaubensunterricht zu geben, damit er so vielleicht auch an Gott glauben könne, reagiert Abbé Huvelin völlig anders als erwartet: „Knien Sie nieder und beichten Sie!"

Für Charles führt dieses Erlebnis eine endgültige Wende in seinem Leben herbei. Er ist bei seinem Gott angekommen. Abbé Huvelin wird ab diesem Tag zu seinem Begleiter für die nächsten Jahrzehnte.

Charles sehnt sich danach, dem endlich (wieder-)gefundenen Gott auf die beste nur mögliche Art zu dienen, und da er den Eindruck hat, dass ihm dies in Armut und Gebet am besten gelingen wird, tritt er 1890 bei den Trappisten ein, einem streng kontemplativen Orden. Doch für Charles ist das Ganze zu behütet, noch viel zu wenig von Gott abhängig. Daher verlässt er den Orden mit voller Unterstützung seines Oberen, der wohl gespürt haben muss, dass sich in diesem Mann eine ganz besondere Berufung Bahn brechen will.

So finden wir Charles in einem Bretterverschlag wieder, in dem er als Hausknecht bei den Klarissinnen* in Nazareth lebt. Da er in Jerusalem beim gleichen Orden noch mehr gebraucht wird, wechselt er gegen Ende seiner sieben Jahre im Heiligen Land dorthin. Einfache Dienste und Stunden des Gebetes lassen in ihm Gedanken an eine völlig neue Form von Gemeinschaft reifen, die aber ohne einen Priester für ihn nicht denkbar ist. Auch Abbé Huvelin rät ihm, sich nun doch noch zum Priester weihen zu lassen, auch wenn er schon über vierzig ist. Kaum geweiht, zieht es ihn in die Wüste. Am 7. September 1901 geht er mit einem tragbaren Altar im Hafen von Algier an Land und errichtet am Rande der Oase Béni Abbès eine kleine Einsiedelei.

* Orden, der auf Klara von Assisi zurückgeht, einer Weggefährtin von Franz von Assisi.

Und genau hier wird es für uns, die wir weder Millionen aus dem Fenster werfen können noch den Drang verspüren, in der Wüste von Datteln, Wasser und Fladenbrot zu leben, interessant.

Nazareth. Was tat Jesus eigentlich den größten Teil seines Lebens? Ziehen wir von den etwa 33 Jahren seines Lebens seine Kindheit und die Zeit des öffentlichen Wirkens ab, bleiben wenigstens 15 Jahre, über die die Evangelisten nichts, aber auch rein gar nichts berichten.* In späterer Zeit gibt es natürlich eine Menge fantasievoller Legenden, die sich alle mit der Kindheit oder Jugend Jesu beschäftigen. Aber die übrige Zeit?! So viele Jahre in der völligen Abgeschiedenheit eines „Kuhdorfes" (natürlich gab es in Nazareth keine Kühe …)! Was um alles in der Welt bewegte Gott wohl dazu, die kostbare Zeit auf Erden so großzügig in ein ganz alltägliches Leben zu investieren?! Andere Religionsstifter sind – manchmal schon von Kindesbeinen an – bis ins hohe Alter unterwegs, um ihre Botschaft an die Menschheit weiterzugeben, verfassen wie Zarathustra und Buddha unzählige Schriften oder bewegen durch lebenslangen Kampf Massen wie Mohammed. Und Jesus? Er tat nichts von alledem. Wir dürfen annehmen, dass er mit seinem (Stief-)Vater Josef zusammen Hütten und Ställe baute, meistens aber wohl nur reparierte. Was soll man nur zu einer solchen „göttlichen" Zeitverschwendung sagen? Jesus hätte doch wenigstens fünfzehn Jahre *mehr* predigen, *mehr* Kranke heilen und *mehr* Dämonen austreiben können! Stattdessen

* Außer einer kurzen Episode bei Lukas: der zwölfjährige Jesus im Tempel.

rührte er Mörtel an oder bearbeitete einen Baumstamm mit dem Schlichtbeil.

Charles de Foucauld ist von diesen verborgenen Jahren Jesu fasziniert; das Handeln seines Herrn in dieser Zeit „nachzuahmen“ bestimmt nach seiner Entscheidung für Christus sein gesamtes Leben. Das Einfache, Unscheinbare lieben, wie Jesus den letzten Platz nicht nur zu erdulden, sondern sogar zu suchen, stellt für ihn die Erfüllung seiner tiefsten Sehnsucht dar.

Und das stellt uns wiederum vor die Frage: Was sagt *uns* denn dieses verborgene Leben Jesu? Können wir uns dem Gedanken stellen, dass dieses jahrelange „Untertauchen“ von Gottes Sohn in höchst alltäglichen Arbeiten uns etwas sagen möchte? Etwa: Sind wir mit dem Platz zufrieden, an dem wir gerade stehen, oder haben wir das Gefühl, dass wir „unter Wert“ gehandelt werden? Wie sehen wir die – meistens nicht sehr mitreißenden – alltäglichen Aufgaben in Beruf oder Familie, in der Gemeinde oder in der Beziehung zu unseren Mitmenschen? Sind für uns unbewusst nicht doch die Menschen wichtiger, die in der ersten Reihe stehen und eine gewisse „Medienpräsenz“ zeigen? Will Jesus uns mit seinen vielen Jahren ohne „Öffentlichkeitsarbeit“ vielleicht sagen, dass eine betagte Diakonissin, die nachts noch bei Schwerkranken sitzt, in seinen Augen ebenso viel wert ist wie ein Billy Graham? Dreieinhalb Millionen Deutsche pflegen unter hohen Opfern kranke, alte oder behinderte Familienangehörige. Die wenigsten von uns erfahren davon, und noch weniger können sich vorstellen, was das für jeden Einzelnen dieser dreieinhalb Millionen bedeutet. Auch das ist Nazareth. Wir dürfen überzeugt sein, dass

Jesus uns nicht nur durch sein Leiden und Sterben, sondern auch durch seine verborgenen Jahre in Nazareth erlöst hat. Jedenfalls hat er allem, was wir im Verborgenen ohne großes Aufheben tun, Ewigkeitswert verliehen.

Für Foucauld ist es eine der großen Erkenntnisse seines Lebens, dass man „Nazareth" überall leben kann, natürlich am besten dort, wo es unseren Mitmenschen am meisten nützt. So sollen auch die Mitglieder der Gemeinschaft, die er zeit seines Lebens so gerne gegründet hätte, ganz gewöhnlichen, einfachen Beschäftigungen nachgehen, mitten unter den Menschen leben und ihnen schlicht durch Gottes Liebe dienen.

Um zu dieser Sichtweise zu gelangen, muss er selbst noch einmal radikal umdenken und den Traum von einem beschaulichen Leben des Gebetes in einer Einsiedelei eintauschen gegen ein hingegebenes Leben an die Menschen. Tag für Tag kommen diese mit allen möglichen Anliegen zu ihm, erst in Béni Abbès, später dann in Tamanrasset (1905–1916); oft sind es so viele, denen er mit Liebe und Freundlichkeit begegnet, dass er nur noch nachts Zeit zum Gebet findet.

Und da war doch noch sein lange gehegter Wunsch, Muslime zu Jesus zu führen. Was wird denn daraus – bei seinem engen, täglichen Kontakt mit ihnen? Wie bringt er ihnen die Gute Nachricht? Kann er sie überhaupt erreichen? Eine damals – und heute erst recht – brennende Frage. Charles de Foucauld evangelisiert nicht, jedenfalls nicht so, wie wir uns das vorstellen. Er will nur eines: den Menschen mit der Liebe Jesu begegnen, und das heißt für ihn auch: ihnen ehrlichen Respekt entgegenbringen. Während die Besatzungsmächte in ganz Nordafrika größtenteils nichts als Verachtung für diese „Kameltreiber“ übrighaben, behandelt Charles jeden mit echter Ehrerbietung. Er schreibt einmal: „Ich bin nicht hier, um die Tuareg zum Christentum zu bekehren, sondern um zu suchen, sie zu verstehen.“ Und das nahm er wörtlich. Er verfasst das erste (und wohl einzige) Wörterbuch der Tuareg-Sprache (allein 2.000 Seiten), sammelt auf weiteren achthundert Seiten ihre Gedichte und Erzählungen und übersetzt das Neue Testament in ihre Sprache. Wenn er zu Fuß (einige Tausend Kilometer) nur in Begleitung eines Lastkamels zu den Beduinen kommt, wissen alle, dass er Christ ist, und trotzdem geben sie ihm den muslimischen Ehrentitel für einen Heiligen, so sehr sind sie von seiner liebevollen Ausstrahlung beeindruckt. In seinen Schriften findet man die Begründung für diesen Weg der Evangelisation. Wir Christen sollen „schweigend das Evangelium von den Dächern verkünden“, oder wie es die Jesus-Bruderschaft in Gnadental formuliert: „Rede nie von Jesus, es sei denn, man fragt dich. Aber lebe so, dass man dich fragt.“

Das Weizenkorn. Wenn wir ehrlich sind, müssen wir eingestehen, dass diese Demut und diese Liebe zu einem Leben im Verborgenen eine enorme Herausforderung darstellen. Wieder einmal bleibt uns nur die Erkenntnis, dass die Prinzipien von Gottes Reich wirklich nicht mit denen dieser Welt in Einklang zu bringen sind.

Charles de Foucauld wird buchstäblich auch noch um das letzte bisschen irdischer Erfüllung „betrogen“: Seinem Wunsch, Gleichgesinnte um sich zu scharen, die seine Vision einer Ordensgemeinschaft „in der Welt“ mittragen würden, wird ein jähes Ende bereitet. Als die Franzosen sich zu Beginn des Ersten Weltkrieges aus der Sahara zurückziehen, kommt es wieder zu den üblichen Stammesfehden und Raubzügen verschiedener Beduinenclans. Einer davon will die Einsiedelei von Charles plündern, man schafft ihn nach draußen, und ein Fünfzehnjähriger bewacht den fast sechzigjährigen Einsiedler mit seiner Flinte. Als ein anderer Reitertrupp am Horizont auftaucht, hält der Junge ihn für eine Gefahr und erschießt vor Aufregung Charles de Foucauld. Kein Heldentod, kein Martyrium. Einfach nur so, aus Versehen sozusagen.

Foucauld wird neben seiner Hütte verscharrt, und fast scheint es, als sei dieses kostbare Leben einfach so verloschen und in Vergessenheit geraten.

Doch es kommt anders, ganz anders. Jesus macht wie bei kaum einem anderen Menschen sein Wort wahr: „Ein Weizenkorn, das nicht in den Boden kommt und stirbt, bleibt ein einzelnes Korn. In der Erde aber keimt es und bringt viel Frucht, obwohl es selbst dabei stirbt" (Johannes 12,24).

Jemand hat einmal gesagt, dass das Wort „Erfolg" sich nicht in Gottes Vokabular befindet. Vergleicht man Foucaulds Pläne und Hoffnungen mit dem, was zu seinen Lebzeiten davon Wirklichkeit wird, muss man das Leben dieses Einsiedlers – rein äußerlich betrachtet – schlichtweg als erfolglos bezeichnen. Doch die Saat seines Lebens geht auf, größer und vielfältiger, als er es sich je hätte träumen lassen. Heute zählt man etwa zwanzig *verschiedene* Gemeinschaften, die sich auf seinen Weg eingelassen haben und mitten in der Welt nur durch ihre Liebe und Demut für Jesus den Weg zu den Herzen der Menschen bahnen. Würde man alle Mitglieder der verschiedensten Gruppen und Gemeinschaften zusammenzählen, käme man weltweit auf mehr als 13.000 Frauen und Männer. Die einen arbeiten bei der Müllabfuhr, andere in Obdachlosenheimen oder in der Küche von Zirkusleuten, die durchs Land ziehen. Wenn es darum geht, „Nazareth“ zu leben, dann sind der Fantasie keine Grenzen gesetzt. Doch eines haben die Menschen, die Foucaulds Vorbild folgen, gemeinsam: Sie verbindet sein tiefstes Anliegen: „Seid allen alles, mit einer einzigen Sehnsucht im Herzen: allen Menschen Jesus Christus nahezubringen.“

Und Menschen Jesus nahebringen, das geschieht in allererster Linie durch das Gebet. Wenigstens ein bis zwei Stunden am Tag gehören ausdrücklich Jesus. So unterschiedlich die einzelnen Gemeinschaften auch ihren Auftrag leben – Anbetung prägt alle kleinen Kommunitäten von Charles de Foucauld und gibt ihnen eine ganz besondere geistliche Wirksamkeit.

Wir können aus der Art und Weise, wie sich in Charles de Foucauld die Aussage Jesu über das Weizenkorn verwirklicht hat, eine lebenswichtige Lehre ziehen. Viele Aktivitäten, die wir vielleicht schon unternommen haben, um Menschen für den Glauben zu gewinnen, waren unserer Einschätzung nach nicht erfolgreich; alle Gespräche, alle Gebete gingen manchmal scheinbar ins Leere. Und wie leicht geschieht es dann, dass wir zunehmend daran zweifeln, dass unsere Bemühungen überhaupt noch Sinn ergeben. Wem solche Gedanken nicht fremd sind, der ahnt jetzt nach den Ausführungen über Foucauld zumindest, dass er die Sache mit dem Weizenkorn noch nicht ganz verstanden hat. Was letztendlich bei unseren Anstrengungen herauskommt, ist nicht unsere Sache. Wir sollen säen und müssen nicht meinen, auch schon im nächsten Moment ernten zu können. Manche unserer Vorstellungen und Erwartungen müssen vielleicht sogar sterben, damit wirklich Frucht wachsen kann, wie sie *seinem* – Gottes – Plan entspricht! Denn im „Erfolg", das lehrt uns die Bibel, suchen wir leider nur zu gerne uns selbst. Wir müssen lediglich die liebende Sorge Gottes für einen Menschen aufgreifen, dann aber Gott nicht im Wege stehen bei dem, was er tun will. Darum kann es für den „Erfolg", den *Gott* sich für einen Menschen wünscht, tatsächlich förderlicher sein, wenn wir die frohe Botschaft von Jesus „schweigend von den Dächern rufen" (Foucauld).

Ein Gebet von Charles de Foucauld

Mein Vater,
ich überlasse mich dir,
mach mit mir, was dir gefällt.
Was du auch mit mir tun magst, ich danke dir.
Zu allem bin ich bereit,
alles nehme ich an.
Wenn nur dein Wille sich an mir erfüllt
und an allen deinen Geschöpfen,
so ersehne ich weiter nichts, mein Gott.
In deine Hände lege ich meine Seele;
ich gebe sie dir, mein Gott,
mit der ganzen Liebe meines Herzens,
weil ich dich liebe
und weil diese Liebe mich treibt,

mich dir hinzugeben,
mich in deine Hände zu legen, ohne Maß,
mit einem grenzenlosen Vertrauen;
denn du bist mein Vater.

Ein bisschen Charles de Foucauld in Ihrem Alltag

- Eine Beichte, Lebensbereinigung oder, wie die Franzosen sagen, eine „révision de vie" hat von einem Augenblick auf den anderen die Suche nach Gott beendet. Warum wohl?
- Die Gewissheit, dass Gott existiert, hat das Leben von Charles de Foucauld in völlig neue Bahnen gelenkt. Hat Ihr Wissen über Gott, seine Wirklichkeit und sein Wesen in Ihrem Leben etwas bewirkt, das Ihnen bisher nur nicht aufgefallen ist?
- Haben Sie sich schon einmal Gedanken darüber gemacht, warum Jesus so lange in Nazareth blieb? Was ist Ihr persönliches „Nazareth"?
- Charles de Foucauld hat die Tuareg auch dadurch geehrt, dass er sich wirklich für sie interessierte. Wann hatten Sie das letzte Mal echtes Interesse an Ihrem Gegenüber, auch wenn dieses Ihnen nicht sonderlich zusagte?
- Wenn Sie sich schon einmal darum bemüht haben, einem anderen den christlichen Glauben schmackhaft zu machen, wie „erfolgreich" waren Sie dabei? Oder anders gefragt: Wie gingen Sie mit der Erfahrung um, nichts erreicht zu haben?
- Können Sie im Glauben annehmen, dass auch aus Erwartungen und Hoffnungen, die gestorben sind, neues Leben hervorgehen kann?

Kapitel 11

Eine junge Frau entdeckt den Lift zu Gott

Theresia von Lisieux (1873–1897)

Lasst euch von mir in den Dienst nehmen,
und lernt von mir! ...
Mir zu dienen ist keine Bürde für euch,
meine Last ist leicht.
Matthäus 11,29–30

Wer bei einer Fahrt durch die Normandie in das Städtchen Lisieux kommt, wird mit Sicherheit die alles überragende Basilika bemerken. Ihre Größe ist beeindruckend, weniger ihr Stil, wenn man bedenkt, dass sie erst 1952 und nicht im 18. oder 19. Jahrhundert fertiggestellt wurde. Fragt man einen Passanten, warum der Ort einen solch gewaltigen sakralen Bau beherbergt, wird man vielleicht erfahren, dass Lisieux nach Lourdes der bedeutendste Wallfahrtsort Frankreichs ist. Würde man dann noch weiter fragen, warum jedes Jahr Hunderttausende hierher pilgern, wäre die Antwort wohl eher: „Wie können Sie nur so etwas fragen?! Wegen der ‚Petite Thérèse' natürlich!"

Wer ist diese „Kleine Theresia", die mit fünfzehn Jahren dank päpstlicher Sondergenehmigung in den Karmel von Lisieux eintritt, ihn nie mehr verlässt und schon mit 24 Jahren stirbt? Wer ist dieses Mädchen, das zur Patronin aller Missionare ernannt wird, obwohl es nicht eine einzige Missionsreise unternommen hat? Selbst wenn man alle vielleicht möglichen, zeitbedingten Umstände mit einbeziehen würde, so bleibt die „Wirkung" dieser Frau, die nur neun Jahre in der strengen Klausur eines beschaulichen Ordens zubringt, ein einzigartiges Phänomen. Deshalb wundert es nicht, dass die kleine Theresia seit über hundert Jahren immer noch Forscher und Gläubige gleichermaßen fasziniert. Wie bei kaum einem anderen Menschen drängt sich bei der Beschäftigung mit ihr ein Satz von Ignatius von Loyola auf: „Wie wenige Menschen ahnen, was Gott aus ihrem Leben machen würde, wenn sie sich seiner Führung ganz überließen."

Ihre Lebensgeschichte ist fraglos die kürzeste aller hier im Buch vorgestellten Personen. Theresia Martin kommt am 2. Januar 1873 in Alençon als fünftes Kind wohlhabender Eltern zur Welt. Mit vier Jahren verliert sie ihre Mutter, wird umso mehr von ihrem Vater und den vier älteren Schwestern umsorgt. Schon wenige Wochen nach dem Tod der Mutter nimmt sich deren Bruder der Familie an und veranlasst den Umzug nach Lisieux. So wird die kleine Theresia nach dem Verlust ihrer Mutter auch noch aus ihrer vertrauten Umgebung gerissen. Doch was anderen vielleicht seelischen Schaden zufügen würde, macht sie nur noch stärker. Ihr Charakter ist zu dieser Zeit bereits „ziemlich ausgeprägt". Wenn sie sich einmal etwas in den Kopf setzt, dann bleibt sie auch eisern dabei, bis sie erreicht hat, was sie will.

Diese Eigenschaft tritt besonders deutlich zutage, wenn man die Zähigkeit betrachtet, mit der sie den Eintritt in das kontemplative Kloster der Karmelitinnen in Lisieux erreicht. Immerhin ist sie erst fünfzehn Jahre alt, aber sie weiß, was sie will. Nur: Sie bekommt es nicht – zumindest rein äußerlich nicht. Wie alle Bewerberinnen muss sie ein Jahr Noviziat durchlaufen, doch ihre Oberin meint, es sei wohl besser, sie bliebe noch eine Zeitlang in diesem Stadium zwischen Noch-nicht-ganz-im-Kloster und der endgültigen Annahme als Karmelitin. Und dort lässt man sie auch – bis zu ihrem Tod. Sie darf zwar nach einiger Zeit der Novizenmeisterin bei der Begleitung und Unterweisung der jungen Schwestern helfen, aber das ist auch schon alles. Keine echte Aufgabe innerhalb der Gemeinschaft, ja, sie wird eher gedemütigt, als jemals das Gefühl zu erhalten, angenommen zu sein. Einer Oberin folgen zu müssen, die sehr viel Macht besitzt, aber mögliche Sympathien für Theresia vollkommen zu unterdrücken versteht, fühlt sich in den engen Grenzen ihres Klosters noch einmal ganz anders an. Selbst die zahlreichen Monate, in denen sie auf der Krankenstation liegt, bis sie endlich Ende September 1897 von ihrem oft unerträglichen Leiden erlöst wird, haben daran nichts geändert. Im Gegenteil: Ihre innere Einsamkeit muss unbeschreibliche Formen angenommen haben. Wenn man jetzt noch berücksichtigt, dass Theresia von den wenigen Jahren im Kloster etliche Jahre lang geistlich gesehen buchstäblich auf dem Trockenen sitzt, müsste man nüchtern eingestehen: Das ist eine der Geschichten, aus denen Dramen gemacht werden und die meist schrecklich enden. Was veranlasst dieses junge Mädchen nur dazu, in diese Welt einzutauchen, in der so vieles gegen es spricht?

Der andere Gott. Theresia beginnt schon sehr früh zu lesen. Aber sie liest nicht nur, sie macht sich zu allem ihre eigenen Gedanken. So gewinnt sie – obwohl in einem streng traditionellen katholischen Umfeld groß geworden – sehr früh ihre eigene Sicht von Gott. Die Beschäftigung mit Jesus bringt sie immer tiefer mit seiner Art zu denken in Berührung, und das bleibt nicht ohne Folgen. Eine charakteristische Episode aus der Zeit, als sie noch vierzehn war, veranschaulicht dies überdeutlich.

Gegen den Willen ihres Vaters verfolgt sie mit großem Interesse in der Zeitung den Prozess gegen einen Doppelmörder, der eine Mutter und deren zehnjährige Tochter umgebracht hat. Alle Welt ist entsetzt. Schon vor seiner Verurteilung sind sich alle darüber einig, was man mit einem solchen Abschaum der Menschheit machen sollte. Theresia „tickt" schon da völlig anders; sie beginnt, für den Mann, der auch noch bekennender Atheist ist, zu beten. Sie ist fest davon überzeugt, Gottes Barmherzigkeit ist so groß, dass auch dieser Mann von ihm erreicht werden kann. Ja, für Theresia ist es eine unumstößliche Gewissheit, dass Gott auch diesen Verbrecher liebt. Vor dem Feuer der Liebe, die das Herz Gottes ist, hält auch das größte Verbrechen nicht stand. Später schreibt sie selbst dazu: „Ich sagte zum lieben Gott, ich sei überzeugt, dass er dem armen, unglücklichen P. verzeihen würde." Sie würde es auch dann glauben, wenn der keinerlei Zeichen von Reue von sich gäbe, so groß ist ihr Vertrauen in die unendliche Barmherzigkeit Jesu. Und dann fügt sie noch hinzu – und das ist typisch für ihre entwaffnende Ehrlichkeit –, dass *sie* sich allerdings sehr getröstet fühlen würde, wenn P. doch noch ein Zeichen der Reue von sich gäbe.

Während alle Welt (inklusive der damaligen Kirchenleitungen) den Anarchisten und Mörder P. wegen seiner himmelschreienden Tat in die Hölle wünscht, denkt eine Vierzehnjährige völlig anders von Gott. Hier tritt ein erster Wesenszug Theresias zutage: Sie möchte, dass die Menschen, mit denen sie zusammen ist, Gott auch wirklich Gott sein lassen. Viel Kleinkariertes und Gesetzliches im Umgang mit Gott passt überhaupt nicht zu ihrem Verständnis von ihm. Ihre Schriften atmen diese beglückende Weite. Auf viele Katholiken, die in Tradition und Religion festgefahren sind, wirken ihre Gedanken wie eine einzige Befreiung. Dank der außergewöhnlichen Zeichen, die man nach Theresias Tod als göttliche Bestätigung ihres Lebens und ihrer „Lehre" sieht, wird die „Kleine Theresia" in der ganzen Welt bekannt, und schon zu Beginn des 20. Jahrhunderts kann man viele ihrer Aufzeichnungen auch in deutscher Übersetzung lesen.

Armes frommes Ego. Weil Gott so ganz anders ist, als wir ihn uns gerne vorstellen oder wie man ihn uns beigebracht hat, wird die junge Nonne jedes Mal nervös, wenn jemand mit Gott auf eine Weise umgehen will, die sich nicht mit Jesus und seinem Verhältnis zum Vater zusammenbringen lässt. Immerhin lebt Theresia in einem Frauenkloster, in dem es für viele der Frauen darum geht, Gott mit der eigenen – frommen oder asketischen – Leistung zu beeindrucken.

Wie unter einem Vergrößerungsglas dürfen wir in diesem „Urtrieb" ruhig auch etwas entdecken, das uns gar nicht so fremd ist. Wie fühlen wir uns, wenn wir am Sonntag mal einen richtigen Schein in den Opferbeutel stecken? Abgesehen von dem kurzen Blick zum Nachbarn, ob der das wenigstens auch mitbekommen hat: Spüren wir nicht ein dezentes inneres Schulterklopfen: „Hey, du bist echt schon großzügiger geworden!" Oder bei anderen Gelegenheiten: „... geduldiger mit der nervigen Erbtante ..." Oder: „... entschlossener beim Umgang mit der Internetsucht ... Gott, ich danke dir, dass ich nicht mehr so bin, wie ich noch vor Jahren war. Kannst du sehen, wie geistlich ich mittlerweile bin?" Theresia würde uns vermutlich kopfschüttelnd anschauen. Sie duldet bei sich und ihren Schwestern nichts, das sich wie *eigener* Reichtum, *eigene* Sicherheit anfühlen könnte. Gott gibt zur rechten Zeit das Richtige; alle „Tugenden" sind bestenfalls im jeweiligen Moment „geliehen".

Eine kurze Episode aus ihrem Leben illustriert diese Haltung gut: Einmal bewundert jemand sie wegen ihrer großen Geduld. Da wird Theresia richtig energisch und erwidert: „Ich habe noch nicht eine Minute Geduld gehabt. Das ist gar nicht meine. Man täuscht sich immer wieder!" Sie hat eines zutiefst begriffen: Wer sind wir eigentlich, dass wir meinen, etwas zu besitzen, das Gott beachtenswert finden könnte? Wie war das doch mit den Knechten, die, nachdem sie alles getan haben, keine Rechte daraus ableiten, sondern mit dem Wissen zufrieden sind, dass sie einen Auftrag im Dienste ihres Herrn ausführen konnten? Würden wir dieses Denken eins zu eins übernehmen, bräuchten wir nach einem Festgottesdienst mit vielen Mitwirkenden kein Augenmerk mehr darauf zu richten, ob auch wirklich alle und jeder bei der abschließenden Dankeslitanei erwähnt wurde.

Was unsere offenen oder verborgenen Methoden betrifft, doch noch unser kleines Ego zu bedienen, so ist Theresia an diesem Punkt unangenehm deutlich. So duldet sie keinen „Vorrat an Tugenden", kein ständiges Kreisen um die eigene Vervollkommnung, sondern zeigt ihren Schwestern die Geborgenheit, die das Wissen schenkt, dass *alles* aus Gottes Hand kommt und von seiner Liebe zu uns spricht. Ist das für unser Leben im Alltag wichtig? Bewirkt das in unserem Verhalten einen Unterschied? Und ob es das tut!

Zum einen kommt den alltäglichsten Arbeiten eine überraschend hohe Bedeutung zu. Wenn meine Herzenshaltung stimmt, dann hat selbst der einfachste Dienst Ewigkeitswert. Wie auch ihre große Namensschwester, so erlebt Theresia einerseits trotz all der widrigen Lebensumstände tiefe mystische Begegnungen mit Gott. Andererseits wundert sie sich aber über die ach so frommen Höherbewertung des Gebets und besonderer geistlicher Erlebnisse. So gilt in der Geschichte von Maria und Martha (Lukas 10,38–42) ihre Sympathie seltsamerweise der Letzteren. Deren fleißiges Schaffen wertet sie auf originelle Weise auf: „Denselben Arbeiten [wie die geschäftige Martha] unterzog sich ja auch die Muttergottes demütig, wenn sie die Mahlzeiten für die heilige Familie bereitete." Bei fast allen großen Mystikern findet sich diese Wertschätzung der alltäglichen Arbeiten. Lässt das den Umkehrschluss zu, dass wir zu wenig

Gottverbundenheit haben, wenn uns diese ewigen Alltagsgeschäfte zum Hals heraushängen? Eine interessante Frage ...

Zum anderen: Wenn die positiven Veränderungen unseres Charakters das Werk Gottes und nicht auf unsere eigenen Anstrengungen zurückzuführen sind, müsste das eigentlich bedeuten, dass wir nicht länger verkrampft geistliche Klimmzüge machen müssen. Es gibt einen schrecklich wahren Satz aus christlicher Gemeinschaftserfahrung: „Wo ein Heiliger ist, findet man um ihn herum lauter Märtyrer!" Mit anderen Worten: Wenn jemand an seinem Heiligenstatus herumfeilt, Tugenden sammelt und darüber hinaus auch noch bei jeder passenden Gelegenheit die Nase rümpft, wenn andere sich eine fröhliche Zeit der Gemeinschaft gönnen, dann leiden im Umfeld eines solchen „Tugendhamsters" viele unter dem Stress, den er verbreitet. Theresia würde nur seufzen: „Versteh doch endlich: Du bist arm und auf seine Hilfe und sein Erbarmen angewiesen – und daran wird sich bis zu deinem Lebensende nichts ändern. Höchste Zeit, dass du deine Abhängigkeit von der Liebe Gottes akzeptierst – lieber heute als morgen!"

Der „kleine Weg". Bedeutet dies, dass ich dann gar nichts selbst machen muss? Bin ich nur noch so etwas wie eine Marionette? Wenn von unserer Abhängigkeit von Gott die Rede ist – erst recht davon, dass eigentlich *er* es ist, der das Gute in uns in Bewegung setzt –, liegt diese Frage nahe. Was ist denn unser Part in dem großen Ganzen unseres Lebens? Theresia gibt darauf eine unerwartet nüchterne Antwort: Wir haben „alle Hände voll" zu tun, genau dieses Wirken Gottes in uns und durch uns überhaupt zuzulassen. Die Aufgabe, alle Hindernisse dafür aus dem Weg zu räumen, unser Herz immer offener und auch bereiter zu machen, mit dem konkreten Willen Gottes mitzuziehen, gehört zum Schwersten, was wir in unserem Leben bewältigen können. Und das gilt nicht nur für Nonnen hinter Klostermauern! Wie viel drängt sich tagtäglich zwischen uns und die Liebe Gottes, die ja nicht nur uns meint, sondern immer auch die Menschen in unserem Umfeld, denen er seine Liebe durch uns erweisen will?! Wer sich lange genug um ein solches Leben bemüht hat, in dem Gott der eigentlich Handelnde sein darf, weiß nur zu gut, dass es ohne eine innige Beziehung zu diesem Gott einfach nicht klappt, jedenfalls nicht auf Dauer. Und hier sind wir wirklich vor Schwierigkeiten gestellt, denn immerhin leben wir inmitten der Anforderungen (und Verlockungen) einer ausgesprochen lauten Welt. Ob Theresia ein Gespür für unsere Situation gehabt hätte, sie, die doch ganz sicher in dieser tiefen Dauerbeziehung zu ihrem Herrn lebte?

Und ob sie uns verstehen würde, denn das Gegenteil trifft zu: Jahrelang ist sie auf der Suche nach einem Zugang zu Gott, der jederzeit möglich und unabhängig von dem Status eines Menschen ist. Unabhängig davon, ob jemand verheiratet oder ledig ist, im Kloster lebt, von morgens bis abends in eine Familie mit Kindern eingespannt ist oder sich in einem stressigen Beruf behaupten muss. Sie fand ihn, den „kleinen Weg", einen Zugang zu Gott, der schon jetzt ein Stück Himmel ist. Wenn wir beten, dass sein Wille geschehe wie im Himmel so auf Erden, dann bekennen wir damit ja gleichzeitig, dass dort, wo sein Wille geschieht, der Himmel ist. Wenn Theresia also eine „Abkürzung" zum Himmel suchte, dann meinte sie nicht nur den jenseitigen Himmel, sondern gerade auch diese innige Beziehung zu ihrem Herrn im Hier und Jetzt. Aber lassen wir sie selbst zu Wort kommen: „Statt den Mut zu verlieren, sagte ich mir: Der liebe Gott kann keine Wünsche eingeben, die nicht verwirklicht werden können." Damit meint sie das Verlangen, mit dem Willen Gottes in allem zusammenzuarbeiten. Wie unerreichbar ihr das vorkommt, schreibt sie wenig später: „Ich muss mich ertragen, wie ich bin, mit all meinen Unvollkommenheiten." Und ein paar Zeilen danach:

Ich will nach dem Mittel suchen, in den Himmel zu kommen auf einem kleinen, sehr geraden, sehr kurzen Weg, einem kleinen, ganz neuen Weg ... Ich möchte auch einen Aufzug finden, um zu Jesus emporzugelangen; denn ich bin zu klein, um die beschwerliche Treppe der Vollkommenheit hinaufzusteigen.
(*Geschichte einer Seele*, Kapitel 9)

Sie liest in den Sprüchen die Einladung, an der (göttlichen) Weisheit teilzuhaben: „Ihr Unerfahrenen, kommt in mein Haus" (Sprüche 9,4; Neues Leben). Wer also keinen Durchblick hat, im Verständnis der Bibel noch als Kind zu betrachten ist, der darf auf jeden Fall bei der Weisheit zu Tisch sitzen. Theresia ist begeistert: Gott erwartet ganz offensichtlich nicht, dass die ganz Kleinen erst groß werden müssen, bevor er sich mit ihnen zu beschäftigen geruht.

Auf ihrer Suche nach dem „Aufzug“ zum Herzen Gottes findet sie noch eine weitere Schriftstelle: „Ihre Kinder sollen auf dem Arme getragen werden, und auf den Knien wird man sie liebkosen“ (Jesaja 66,12; Luther). Und Theresia begreift für ihre in Religion gefangene Zeit etwas ebenso Wahres wie Beglückendes: Wir müssen nicht an unserer Perfektionierung als Christen arbeiten, Gott selbst hat diese Aufgabe auf sich genommen. Und so schreibt sie im gleichen Kapitel: „Oh, niemals haben zärtlichere und wohlklingendere Worte meine Seele erfreut. Der Aufzug, der mich in den Himmel emportragen soll, das sind deine Arme, o Jesus!“

Jesus. Wer anders als er könnte uns so anziehen, uns so herausfordern, Gott zu lieben, wie der menschgewordene Sohn Gottes selbst!? Auch im Leben und Denken von Theresia dreht sich alles nur um den einen, ihren „Geliebten“. Und sie liebt ihn leidenschaftlich. Über diese Liebe vergisst sie sich selbst, sodass es ihr zunehmend lästig fällt, wenn vor allem die Novizinnen ihre Person zu wichtig nehmen oder sie gar bewundern. Einmal weist sie eine junge Schwester, die ihre Verehrung für Theresia nicht zurückhalten kann, mit den Worten zurecht: „Was sind Sie doch für ein Kind! Gehen Sie, Sie haben sich nun genug über mich lustig gemacht!“ Geradezu eifersüchtig wacht sie darüber, dass sie sich nicht zwischen Jesus und die ihr anvertrauten jungen Ordensschwestern stellt. Sie hat nur einen Wunsch, der sie auch in ihren dunkelsten Stunden begleitet: dass Jesus immer und überall geliebt wird. Alle Menschen sollen erfahren dürfen, welches Geschenk Gott in seinem Sohn für sie bereithält. Hier ist die Quelle ihrer unglaublich innovativen Einstellung zu jeder christlichen Mission: Es geht nicht darum, andere Menschen an unseren großen Erkenntnissen teilhaben zu lassen – als seien sie die dummen und wir diejenigen, die den Durchblick haben –, sondern mit allen Menschen das zu teilen, was wir unverdient geschenkt bekommen haben.

Ob das auch etwas mit *unserem* Verhalten im Umgang mit Andersdenkenden zu tun hat? Haben diese nicht schon oft unsere „Belehrungen" über den Glauben abgelehnt und uns dabei ganz furchtbar frustriert? Da macht jeder Christ so seine eigenen Erfahrungen, die ihn mit der Zeit still werden lassen. Aber ist uns dabei jemals in den Sinn gekommen, das so manche Ablehnung auch etwas mit dem Blickwinkel zu tun hatte, mit dem wir, natürlich völlig unbewusst, auf die armen Nichtchristen heruntergeblickt haben?

Theresias Einstellung zur Mission (und damit sicher auch zur Evangelisation) ist von einer Brüderlichkeit geprägt, die dem „anderen" nicht die Wahrheit aufdrängen möchte, sondern mit dem sie die Liebe teilen will, die sie selbst empfangen hat. Erst soll der Mensch einmal Jesus kennenlernen – und dann kommt lange, lange nichts. Sie hat auch große Probleme damit, dass wir nach der Saat immer schon gleich ernten wollen. Selbst bei Jesus hat es einige Zeit gedauert, bis seine Saat aufging. Kurzum: Ihre Botschaft muss bewegend anders gewesen sein, dass sie, die ihre kleine Welt des Karmel von Lisieux nie verlassen hat, zur Patronin aller Missionarinnen und Missionare ernannt wurde.

Eines ist sicher: Ihr unverkrampfter Umgang mit Jesus als dem „Geliebten ihres Lebens" macht Mut, sich mehr auf *ihn allein* einzulassen. Vor einer solchen Vertrautheit verblassen alle unsere Ängste und Sorgen. Welch eine Sicherheit, wenn man in einer Beziehung leben darf, die einen solchen Ausspruch möglich macht, wie ihn Theresia einmal von sich gibt: „Man muss es verstehen, IHN bei seinem Herzen zu nehmen. Das ist seine schwache Seite." Wenn es also in unserem Alltag einmal richtig dunkel wird und wir keinen Ausweg erkennen können, dann sollten wir uns an diesen Ausspruch erinnern und an das Herz des Sohnes Gottes appellieren.

Gebet der „kleinen" Theresia

***O Gott, gern will ich dich hören.
Ich bitte dich, antworte mir,
wenn ich dich demütig frage:
Was ist Wahrheit?
Mache, dass ich die Dinge sehe, wie sie sind.
Nichts soll uns blenden.***

Ein bisschen mehr Theresia von Lisieux in Ihrem Alltag

- Hatten Sie schon einmal von Theresia von Lisieux gehört? Falls nicht: Wie geht es Ihnen mit der Geschichte dieser jungen Nonne?
- Gott ist immer anders, als wir denken – sonst wäre er mit Sicherheit nicht Gott. Machen Ihnen solche Gedanken Schwierigkeiten, verunsichern Sie vielleicht sogar? Was gibt Ihnen trotz dieser Aussagen innere Sicherheit?

- Mussten Sie schon einmal das Bild, das Sie sich von Gott gemacht hatten (oder das Ihnen vermittelt worden war), korrigieren? Sorgen Sie sich darum, dass sich so etwas wiederholt, oder sind Sie letztlich dankbar dafür, dass Sie in dieser Hinsicht immer wieder herausgefordert werden?
- Empfinden Sie den Alltag als geistlose Tretmühle? Falls ja: Ahnen Sie, dass dies etwas mit Ihrer Beziehung zu Gott zu tun haben könnte?
- Kennen Sie aus Glaubensgesprächen dieses Gefälle zwischen Glaubendem und Suchendem? Gleichgültig, ob Sie „Täter“ oder „Opfer“ sind: Es lohnt sich wirklich, den dabei entstandenen Gefühlen ein wenig nachzuspüren.
- Spricht Theresias Bild von einem „Aufzug in den Himmel“ Sie an, oder finden Sie, dass sich nur eine Nonne etwas so leicht machen kann?

Kapitel 12

Mein Alltag mit Jesus

Ihr Vorname, Name (19??–20??)

Hilf mir, so zu leben, wie du es willst,
denn du bist mein Gott!
Führe mich durch deinen guten Geist!
Psalm 143,10

Herzlichen Glückwunsch! Sie haben es geschafft und Ihre Expedition in unbekannte Gefilde mit diesem Kapitel beendet. Darum seien diese letzten Seiten auch Ihnen gewidmet. Oder halten Sie es für ausgeschlossen, dass eines Tages hier Ihre Geschichte mit Ihrem Gott steht? Vielleicht nicht im Kontext der übrigen Personen dieses Buches, aber doch ganz sicher im „Buch des Lebens"? Jedenfalls haben Sie sich als evangelischer oder freikirchlicher Christ tapfer bis zu dieser Seite durchgeschlagen, denn schließlich haben Sie die Lebensgeschichten und Erkenntnisse dieser Personen nicht schon mit der Muttermilch aufgesogen. Dafür sind Sie übrigens in den seltensten Fällen selbst verantwortlich, sondern ganz einfach die Konfession Ihrer Familie und Ihrer Umgebung. Was sich also oft als rein zufällige Prägung darstellt, hat Sie – zum Glück – nicht daran gehindert, sich Unbekanntes anzuschauen, zu prüfen und das, was daran gut ist, zu behalten. Und dass Sie etwas „bewahrenswert Gutes" gefunden haben, das wünsche ich Ihnen am Ende dieses Buches.

In diesem Kapitel ist natürlich auch so etwas wie ein Nachwort enthalten. Leider haben Nachwörter meistens eine unangenehme Eigenschaft. Immer dann, wenn man ein Buch mehr oder weniger zufrieden beiseitelegen will, bekommt man nämlich dezent mitgeteilt, dass dies ja erst der Anfang sei ... Ja, und so ist es auch dieses Mal, was natürlich etwas mit dem Inhalt dieses „geistlichen Ausflugs" in eine etwas andere Welt zu tun hat. Es ist nicht übertrieben, wenn wir uns vor Augen halten, dass die Literatur über diese elf Frauen und Männer eine ganze Bibliothek füllen könnte. Ich habe Ihnen in diesem Buch – mal unbescheiden gerechnet – vielleicht 2 % von diesen Persönlichkeiten vorgestellt. Also, sollten Sie irgendeinen von den hier skizzierten Menschen des Glaubens näher kennenlernen wollen, finden Sie via Internet eine Fülle von Literatur; andere Beispiele sind im Anhang angefügt. Das ist das eine, was einfach am Ende dieses Büchleins festgehalten werden muss.

Hilfe, Heilige! Das andere liegt in einer Schwierigkeit, die jeder evangelische Christ schlichtweg mit dieser Sache namens Heiligenverehrung hat. In diesem Bereich kann man „Blüten" begegnen, die mehr als seltsam aussehen, oft allzu menschlich riechen und eher dem Ego des Verehrers schmeicheln, als auf die Botschaft des jeweiligen „Heiligen" verweisen. Im Laufe von eineinhalb Jahrtausenden haben sich um die Großen des Glaubens nicht nur Legenden, sondern auch fast magische Verehrungsriten gerankt. Mancher Heilige fand sich plötzlich mit folkloristischen Beigaben ehemaliger Lokalgötter geschmückt, vor allem bei den im Mittelalter oft sehr oberflächlich missionierten Völkern der Dritten Welt. Die Praxis der Heiligenverehrung stand oft, auch zum Leidwesen der Verantwortlichen, in krassem Gegensatz zu der eigentlichen Lehre. Denn die katholische Kirche hat von Anfang an extrem hohe Hürden aufgebaut, bevor ein Mensch als Vorbild für eine ernsthafte Jesusnachfolge dienen durfte. Manchmal hat es Jahrhunderte und etliche peinlich genau untersuchte Wunder gebraucht, bis sie es als erwiesen ansah, dass diese Frau oder dieser Mann von Gott bestätigt wurde und somit verehrt werden darf. Wohlgemerkt: Verehrt, niemals *angebetet*. Wen es wirklich interessiert, was der katholische Erwachsenenkatechismus zur Heiligenverehrung sagt, kann sich im Anhang ein Stück Originaltext anschauen.

Helfen Heilige? Seit der frühen Christenheit war die Gemeinde überzeugt, dass gute Geschwister, vor allem solche, die ihr Leben für Jesus gelassen hatten, auch nach ihrem Tod mit der Gemeinschaft auf dieser Erde verbunden blieben. So wie sie es damals verstanden, gibt es für die Gemeinde Jesu keine Grenze des Todes; jeder trat von diesem Leben ins wirkliche Leben über. Darum war es von Anfang an die größte Selbstverständlichkeit, aus diesem Leben geschiedene Geschwister – vor allem auch die Märtyrer – für die Anliegen der Gemeinde um Hilfe zu bitten. So wie wir heute noch selbstverständlich bei irgendeinem Anliegen jemanden bitten, für uns zu beten, so ritzten damals die ersten Christen in bestimmte Steinsärge die Bitte: *Ora pro nobis*, frei übersetzt: „Du bist jetzt bei Jesus, du kannst jetzt was für uns tun." Hier finden wir den Ursprung der katholischen Gepflogenheit, Heilige für bestimmte Aufgaben „einzuspannen". Dabei ist es laut Katechismus jedem Einzelnen völlig freigestellt, solche „Hilfen" in Anspruch zu nehmen oder nicht.

Vielleicht lässt sich *diese* Sichtweise der frühen Gemeinde noch irgendwie nachvollziehen. Schwieriger wird es, wenn es darum geht, ein anderes, noch tiefer sitzendes Misstrauen in den Herzen evangelischer Christen zu überwinden: Wird da nicht Menschen zu viel Ehre angetan? Wo bleibt das Wort Gottes, ja, wo bleibt das einzig erlösende, gnadenhafte Wirken Gottes? Gibt es da nicht plötzlich eine riesige Mannschaft von Mini-Miterlösern, sozusagen eine Art in den Himmel versetztes Bodenpersonal Gottes, das irgendwelche Dinge tun darf, an denen Gott selbst kein sonderliches Interesse hat? Man denke hier nur an den armen Heiligen Antonius, den Patron der Schlamper, der die Leute zu ihren verlorenen Sachen führen muss.

Aber mal Scherz beiseite, es gibt tatsächlich eine Aussage im Neuen Testament, die zumindest erahnen lässt, dass Gott sich durchaus eine solche Mitarbeit wünschen könnte. Paulus schreibt: „Nun freue ich mich in den Leiden, die ich für euch leide, und erstatte an meinem Fleisch, was an den Leiden Christi noch fehlt, für seinen Leib, das ist die Gemeinde" (Kolosser 1,24; Luther). So seltsam sich diese Aussage auch anhört (wie sollte an den Leiden Jesu noch etwas fehlen?), aber wenn man theoretisch diesen Gedanken weiterverfolgt, müsste man zumindest für möglich halten, dass Jesus, nachdem er uns erlöst hat, uns auch in sein Erlösungswerk mit hineinnehmen möchte. Ob diesseitig oder jenseitig spielt dabei nur eine untergeordnete Rolle. Wir wären durch eine solche Sicht ja nicht nur rein passive und immer passiver werdende Empfänger seiner unverdienten Gnade, sondern so etwas wie seine „Partner“ im großen Weltgeschehen zwischen Himmel und Erde. Was für ein faszinierender Aspekt unseres Christseins! Eines ist Ihnen bei der Begegnung mit den Personen dieses Buches sicher aufgegangen: dass zumindest einige von ihnen sich von Jesus gehörig „eingespannt“ fühlten. Und sie waren darüber alles andere als traurig …

Aber es gibt noch eine weitere Verständnisbarriere. Wie weit darf man sich auf das Vorbild von Menschen einlassen, wenn doch Jesus allein Vorbild und Botschaft aus dem Herzen Gottes ist? Hier sollten wir einen großen Theologen und Neutestamentler des letzten Jahrhunderts zu Wort kommen lassen, Heinrich Schlier, der 1955 über dieses Thema schrieb, als er sich an die Gemeinschaft erinnerte, die er bei den Benediktinern von Ettal genossen hatte, in deren Kloster noch andere Geistliche durch die Nazis „konfiniert“ waren, darunter Rupert Mayer SJ und Dietrich Bonhoeffer:

Wie fern rückte mir angesichts solcher und vieler anderer demütiger und bereiter, barmherziger und entschiedener Männer, die in Gemeinschaft oder einsam Christus nachfolgten, die protestantische Abneigung gegen das Vorbild und die konkrete Nachfolge. Als ob sie dem ‚Wort‘ und dem ‚Hören‘ widersprächen! Dabei gibt es keinen kräftigeren Anspruch als das Vorbild in diesem Sinn und kein intensiveres Hören als das Nachfolgen.
(*Festschrift zum Ettaler Doppeljubiläum 1980*, S. 163)

Haben Sie dies beim Lesen des Buches auch ein wenig gespürt? Enthielt das eine oder andere Beispiel gelebter Nachfolge auch für Sie persönlich eine Herausforderung, der Sie, wenn Sie ganz ehrlich sind, nicht mehr ausweichen können oder vielleicht sogar nicht mehr ausweichen wollen? Das wäre großartig, denn es würde die Veränderung in unserer geistlichen Landschaft bestätigen. Bestehende Zäune haben einfach ausgedient. Die Herausforderungen, mit denen wir in unserer Zeit und unserer Gesellschaft konfrontiert werden, sind zu schwer, als dass wir auf eine Hilfe, und sei sie noch so klein, zur Bewältigung unseres Alltags als Christen verzichten könnten. Gott segne Sie bei allem, was Sie zur Stärkung Ihrer persönlichen Nachfolge Jesu unternehmen. Die Welt um Sie herum braucht Ihr Vorbild. Mehr denn je.

Ist es nicht schön, mit Alexander Solschenizyn, der für seinen Glauben in weit schwierigeren Zeiten einstand, abschließend beten zu können?

Wie gut ist es, mit dir zu leben, Herr!
Wie leicht fällt es mir, an dich zu glauben!
Wenn mein Geist schwach wird
und aufhört, dich zu verstehen,
wenn die gescheitesten Menschen nicht weitersehen
als bis zum Ende des Tages und nicht wissen,
was sie am nächsten Tag tun sollen,
schickst du mir die klare Gewissheit deiner Existenz
und deiner Sorge dafür,
dass nicht alle Türen des Guten verschlossen werden.
(Zit. in: Alexander Solschenizyn, *Was geschieht mit der Seele in der Nacht. Kurzerzählungen*. München, 2006)

Literatur

Einige der folgenden Titel sind nur antiquarisch oder in Bibliotheken erhältlich. Einen ersten Überblick sowie weitergehende Literatur: www.bautz.de/bbkl

Kapitel 1: Hermas

Der Hirt des Hermas. Übersetzt und erklärt von Norbert Brox. Reihe: *Kommentar zu den Apostolischen Vätern* (KAV, Bd. 7). Göttingen, 1991.

Heinrich Kraft: *Die großen Denker der christlichen Antike*. Eltville, 1999. S. 26–36.

Kapitel 2: Aurelius Augustinus

Aurelius Augustinus: *Bekenntnisse*. Wiesbaden, 2008.

Giuseppe Bentivegna: *Effusione dello Spirito Santo e Doni Carismatici. La testimonianza di Sant' Agostino*. Messina, 1990.

Kurt Flasch: *Augustin. Einführung in sein Denken*. 3. Auflage. Stuttgart, 1994.

Johann Kreuzer: *Augustinus zur Einführung*. Hamburg, 2005.

Kapitel 3: Benedikt von Nursia

Anselm Grün: *Benedikt von Nursia*. Freiburg 2006.

Ildefons Herwegen/Emmanuel von Severus: *Der heilige Benedikt*. 5. Auflage. Düsseldorf, 1980.

Michaela Puzicha: *Benedikt von Nursia begegnen*. 2. Auflage. Reihe: Zeugen des Glaubens. Augsburg, 2008.

Adalbert de Vogüé: *Benedikt von Nursia. Ein Lebensbild* (*Große Gestalten des Glaubens*). München, 2006.

Kapitel 4: Franz von Assisi

Franz von Assisi in der Legende seiner ersten Gefährten. (i Fioretti di San Francesco). Frankfurt und Luzern, 1972.

Dieter Berg, Leonhard Lehmann (Hrsg.): *Franziskus-Quellen. Die Schriften des heiligen Franziskus, Lebensbeschreibungen, Chroniken und Zeugnisse über ihn und seinen Orden.* Kevelaer, 2009.

Thomas von Celano: „Leben und Wunder des heiligen Franziskus von Assisi". Einführung, Übersetzung, Anmerkungen von E. Grau, in: *Franziskanische Quellenschriften.* 3. Auflage. Werl/W., 1980, Bd. 2.

Lothar Hardick, Engelbert Grau: *Die Schriften des Heiligen Franziskus von Assisi.* 10. Auflage. Kevelaer, 2001.

Anselm Kraus: *Den Spuren Christi und seines Dieners Franziskus folgen.* 2. Auflage. Münsterschwarzach, 1998.

Kapitel 5: Nikolaus von Flüe

Rupert Amschwand: *Bruder Klaus. Ergänzungsband zum Quellenwerk von R. Durrer.* Sarnen, 1987.

Robert Durrer: *Bruder Klaus. Die ältesten Quellen über den sel. Nikolaus von Flüe, sein Leben und seinen Einfluss.* 2 Bde. Sarnen, 1917–1921; ND: 1981.

Johannes Hemleben: *Nikolaus von Flühe. Der Heilige der Schweiz.* Frauenfeld, 1977.

Werner T. Huber: *Bruder Klaus. Nikolaus von Flüe in den Zeugnissen seiner Zeitgenossen.* Zürich und Düsseldorf, 1996.

Kapitel 6: Ignatius von Loyola
Der Bericht des Pilgers (Autobiografie des Ignatius), übersetzt v. M. Sievernich, 2006.
Cándido de Dalmases SJ: *Ignatius von Loyola. Versuch einer Gesamtbiografie.* München, 2006.
Helmut Feld: *Ignatius von Loyola. Gründer des Jesuitenordens.* Köln, 2006.
Willi Lambert: *Aus Liebe zur Wirklichkeit. Grundworte ignatianischer Spiritualität.* 8. Auflage. Mainz, 2008.

Kapitel 7: Teresa von Ávila
Waltraud Herbstrith: *Teresa von Ávila. Lebensweg und Botschaft.* München, 2007.
Erika Lorenz, Helmuth N. Loose: *Teresa von Ávila. Eine Biographie.* Freiburg, 1994.
Erika Lorenz (Hrsg.): *„Ich bin ein Weib – und obendrein kein gutes": Eine große Frau, eine faszinierende Mystikerin.* 8. Auflage. Freiburg, 2011.

Kapitel 8: Franz von Sales
Hans Berghuis: *Nichts so sehr als Mensch. Franz von Sales – der liebenswürdige Heilige.* Eichstätt, 1992.
Dirk Koster: *Franz von Sales – Biografie.* Eichstätt, 2002.
Franz Reisinger (Hrsg.): *Franz von Sales: Philothea.* Eichstätt, 2005.
Franz von Sales: *Du bist der Gott meines Lebens, Gebete.* Eichstätt, 1998.

Kapitel 9: Starez Theophan
Schule des Herzensgebetes. Die Weisheit des Starez Theophan. Salzburg, 1985.

Matthias Dietz: *Kleine Philokalie: Betrachtungen der Mönchsväter über das Herzensgebet*. Düsseldorf, 2006.
Emmanuel Jungclaussen (Hrsg): *Aufrichtige Erzählungen eines russischen Pilgers*. 17. Auflage. Freiburg, 2011.
Emmanuel Jungclaussen: *Unterweisung im Herzensgebet*. 3. Auflage. St. Otilien, 2008.

Kapitel 10: Charles de Foucauld

Kurt Benesch: *Die Spur in der Wüste. Das Leben des Charles de Foucauld*. Graz/Wien/Köln, 1989.
Gisbert Greshake: *Spiritualität der Wüste*. Innsbruck, 2002.
Jean-François Six: *Charles de Foucauld: Mit Leidenschaft und Entschlossenheit*. München, 2008.

Kapitel 11: Theresia von Lisieux

Ida Friederike Görres, Hrsg. und eingeleitet von Hanna-Barbara Gerl-Falkovitz: *Thérèse von Lisieux. Ein Lebensbild*. Freiburg, 1998.
Michael Plattig: *Ich wähle alles! Leben und Botschaft der Hl. Therese von Lisieux*. 2. Auflage. Münsterschwarzach, 2008.
Michael Plattig: *Therese von Lisieux. Zur Aktualität einer Heiligen*. Würzburg, 1997.
Jean François Six: *Theresia von Lisieux. Die Heilige des „kleinen Weges“*. Freiburg, 1988.
Victor de la Vierge: *Theresia von Lisieux. Lehrmeisterin des geistlichen Lebens*. Friedberg, 1958.

Anhang

Auszug aus dem offiziellen Katechismus der katholischen Kirche, Band 2:

3.3. Gott ehren in den Heiligen

Besonders aussagekräftige Zeichen der Erlösung durch Jesus Christus sind die erlösten Menschen selbst. Die Kirche stellt sie uns vor in den Heiligen. Weil die Kirche glaubt, dass sich das Leben aller, die in Christus gestorben sind, in der Gemeinschaft des Himmels mit ihm vollendet, bekennt sie sich zur Gemeinschaft mit den Heiligen über die Grenzen des Todes hinweg. Die Verehrung und Anrufung der Heiligen ist durch eine lange Glaubenstradition, die mit der altchristlichen Märtyrerverehrung beginnt, verbürgt. Die Kirche erklärt zwar die Verehrung einzelner Heiliger nicht als verpflichtend. Sie spricht nur von ihrer Erlaubtheit und Nützlichkeit (DS 1821). Aber sie bezeugt als Ganze durch die Heiligenfeste und die Verwendung der Heiligenlitanei bei verschiedenen liturgischen Feiern, dass die Verehrung und Anrufung der Heiligen zum Vollzug des kirchlichen Lebens gehört, vor allem die besondere Verehrung der Mutter des Herrn. Der Grund dafür liegt in dem Lobpreis der Gnade Christi, die sich in den Heiligen siegreich erwies; dieses Lob kann von der Kirche nicht unterlassen werden.